ホリエモン謹製

傷だらけ日本経済につけるクスリ

堀江貴文 著

Art Days

ホリエモン謹製　傷だらけ日本経済につけるクスリ　目次

1章　食糧自給率、上げる必要あるんですか？　9
食糧自給率には、大量に捨てられている食糧は計算に入ってないんですよ
食の安全保障の点では、世界的より局地的な食糧危機を考えた方がいい

2章　大新聞、生き残りをかけた再編はあるか？　21
新聞は特権的立場でいろいろ許されてきたけど、今や実売部数はジリ貧
インターネットの普及で、新聞は淘汰されていって、文化財になる

3章　郵政民営化見直し論、本当に怖い問題とは　31
郵貯・かんぽというガリバー会社の運用資産がどう使われているか知ってますか
郵政を再国営化して、国債のバラマキに使われないよう、国民は監視を！

4章　電気自動車ビジネスで産業構造が変わる　45
電気自動車の登場で覇権を握るのはベンチャー企業でしょうね
電気自動車時代にはエネルギー革命が起きると思っています

5章　個人メディアはマスコミを凌駕するか　55
Ｔｗｉｔｔｅｒは確実に新聞を超えるメディアになりつつありますね
記者クラブって、実は利権の象徴で、情報を独占してきたツケが今きている

6章　まだまだ広がる、電子マネーの経済効果　67
電子マネーは支払いもポイントもオールインワン、お釣りなしで店のメリットも大
機能が携帯一つにおさまるようになれば、カード類で財布が分厚くなることもない

7章　事業仕分け・科学技術振興予算は国民を幸せにするか　79
事業仕分けを見て思った。結構大盤振る舞いだなあと……
企業が研究分野に寄付できるよう、税制を変えればいいわけで……

8章　ｉＰｈｏｎｅがライフスタイルを変えそうな予感　95
ｉＰｈｏｎｅは高度なことをやっているわけじゃなくて、見せ方の勝利なんですよね
日本の携帯電話は高機能でも、なかなか世界に出ていけないのは、こんな理由

9章　合法カジノは日本の重要な収入源になる　109
賭博が禁止されているのに、パチンコが合法って憲法9条みたいなもん
沖縄の新しい観光資源としても、カジノはもってこいですよ

10章　二極化するアパレルブランドの行方とは　119
ファッションの安売りもここまでくれば極まったもんだなと……
超高級か低価格かの二極化が進み、中途半端では生き残れなくなっています

11章　遅すぎたJAL再建の行く末は　131
JALはここへきてまだ、親方日の丸から抜け出せない
JALのコスト意識のままでは、再建は非常に難しいと思う

12章　羽田新幹線開通で変わる空港の役割　141
設備の充実が進む羽田にさらに新幹線が通れば、成田はいらなくなりますよね
航空業界と鉄道業界が連携すれば、それぞれの利便性を高める道を探っていけます

13章 司法制度改革阻止を目論む検察庁 153
鳩山首相の献金問題落着で司法制度改革はどう変わるか
検察の暴走の怖さをちゃんと国民に知らせなければと思っています

14章 メディアの寡占が招く偏向報道 163
メディアの偏向をもたらす原因の一つは記者クラブの特権にあるんですよ
報道の独占によって、メディアにとって都合の悪いことは国民には報道されない

15章 iPadなどタブレット端末で書籍やテレビが変わる 173
iPadが進化したら、いずれパソコンを手放すかもしれない
紙にこだわる人は一部だけ。電子書籍の登場は出版の仕組みを変えます

16章 シーシェパードのテロ的な行為 187
海外の紛争は思想的対立によるゲリラ戦の時代になってきています
海の上の違法行為に対しては日本は毅然と抗議すべきです

17章　宇宙開発・民活への可能性は　197
宇宙開発競争の末、アメリカはロシアの船を使わせてもらうことになります
宇宙開発を民活に踏み切ったアメリカに日本も見習うべきところがあります

18章　ＪＡＬが導入予定の国産ジェット機とは？　207
高い技術力の国産ジェット機がビジネスとして成り立つ可能性は……
すでにある優れた日本の技術をなぜ世界に売り込まないのか？

あとがき　217

傷だらけ日本経済につけるクスリ

ホリエモン謹製

1章　食糧自給率、上げる必要あるんですか？

食糧自給率には、大量に捨てられている食糧は計算に入ってないんですよ

実は、食糧自給率というのは十何年ぐらい前、すでに食管法に「上げなければいけない」というふうに明記されているんですよ。要は、国策として食糧自給率を上げる、それに対し「予算を使ってよろしい」ということがオーソライズされてるわけです。実際、食糧自給率を上げるということに対して、すごく予算が使われてるんですよね。

で、なんで上げなければいけないかっていうと、まあ一番大きな問題は食糧安全保障だって言われてたり、外国産の食材に農薬がすごくたくさん見つかったとか、食の安全という問題でどうのこうのとか。あとは国内の農業の保護をしなければいけないんじゃないかとか、自国の農作物っていうのは自国で作らなければいけないんだ、みたいな感情論というか精神

論というか。まあそういったものが大きかったと思うんですけれども、それ一つ一つについて考えてみると感情論はとりあえず置いておくとしても、まず食糧安全保障上の問題という話がよく出てくる。それは例えば戦争状態になって日本に食糧が入ってこなくなるとか、まあちょっと安全保障とは違うんですけれども、「世界的な食糧危機が起こって、日本はどうなってしまうんだ、40%の自給率だったら半分が飢え死んでしまうんじゃないか」みたいなことをいう人達が多いと。

けど、そもそも食糧自給率の40%ぐらいっていう数字というのは、いわゆるカロリーベースの食糧自給率というふうにいわれている数字で、どうやらそういうカロリーベースで統計を出したのは日本だけらしいんですよね。じゃあ他の国がカロリーベースでちゃんとしたデータがあるかっていうと、それは比較として、例えばフランスはもうちょっと高いとか、アメリカはもっと高いとか、いろいろデータが出てくるわけですけど、それってその国が発表しているデータではなくて、どうも日本の農林水産省が作ってるらしいんですよ、いろんなところからデータを持ってきて。日本の自給率は低いんだ、先進国の中では最低だ、みたいな話になってくるわけですが、分母と分子があってパーセンテージが40%と出ているわけですけど、その分母になっている数字っていうのはロスも含んだ数字なんですよ。

ロスっていうのはどういうことかっていうと、要は食べ残しの、たとえばファミレスとかファーストフードとかで大量な食べ残しが出るわけですけれども、その廃棄分というのは考慮されていないんですよ。あとは、例えば賞味期限切れになった食材は廃棄する。再利用して問題になった例ってありますよね。船場吉兆であったりだとか赤福であったりとか、再利用することすら許されないと。もったいないから再利用していただけだと思うんですけれども、それも許さないような姿勢がある。そうするとロスをせざるを得ない。ロス分というのは実は分母の中に含まれている数字なんです。で、ロスの分を、分母から差っぴくとどうなるかっていうと60％近くになる。それだけ実はロスが多いわけで、例えば食糧流通のやり方を見直すとロスってかなり少なくなるはずなんです。賞味期限に関してももっと柔軟な考え方をしていけば食糧自給率というのは非常に上がる。まあ私は別に「上げなくてもいい派」なんですけども、上げること自体はそんなに難しいことではないと思います。

ロスを許容しているという前提があるうえで、食糧安全保障であったり、世界的な食糧危機に対応する準備って、本当に必要なのかっていう話なんですよ。そもそも日本が他国と戦争して長い間戦争状態にあり続けるってことが現実的に起こりうるのか、っていうことなんですけど、私はないと思うんです。もしそういうことが万が一起こるとしても、結局すぐに兵糧攻めみたいなことされたらあきらめますよね。別に飢えてまで戦争に勝ちたいって今の人達が思うかって、もちろん思わないわけで、そういうことを考えること自体が非常に現実的ではない。

市場っていうのは売りたい人がいて買いたい人がいるわけですよね。たとえばオーストラリアっていうのは穀物とか小麦とか大豆とかうわーって作っているわけですけど、彼らの悩みというのは何かというと、農業技術が遅れていることなんです。遅れているっていうのは高い商品作物を作るテクニックがないんですよ。たとえば日本の果物、イチゴなんか世界最高峰の技術があって、そういったものを実はオーストラリア政府は欲しがっているんですけれども、日本の農業試験場であったり、農業試験場を管理している県であったり農林水産省っていうのはその技術を海外流出させようとしないんです。だからオーストラリアでは付加価値の非常に低い穀物を作っているわけですよ。要は作らざるを得ないわけですよ。大量のだだっ広い土地でとにかく安く作るという、安売り激安戦略なわけですよね。逆にいうとそういう農業をせざるを得ない状況にあって、しかも有り余る土地で自国の人達に買ってもらうには多すぎる量を生産せざるを得ないわけですから、売らざるを得ないわけですよ。そういう人達からしてみれば食糧自給率が０％の国っていうのは上得意なわけですよ。

しかも、農業生産に必要なものって実は他にもあるじゃないですか。たとえば農機具を動かすための石油、もとになる原油が必要で、そういうものって日本では１００％近く輸入に頼っているわけですよね。であったり、肥料の原料になるような化学製品っていうものも結構輸入に頼っていたりとか、まあリン鉱石なんか特にそうなんですけど、リンって必要なわけですよ。そういったものも海外からの輸入に頼っているので、まあ輸入なしではそもそも日本の農業っていうのは成立しえないわけですよ。じゃあ昔に戻って田植え全部人手でやるか、そんなことは現実的じゃないわけですよね。つまり国際社会の中にあって初めて日本の農業っていうのは成立しているにもかかわらず、そのことを前提にしないで話をする事自体がまず間違っているんじゃないかなと。

食の安全保障の点では、世界的より局地的な食糧危機を考えた方がいい

もう一つは食糧危機に対する問題、ここは実は皆さん誤解をしていると私は思っているんですよ。

十何年前、米不足になったことありましたよね。あれがきっかけで誤解が始まったんじゃないかなと。あの時に、「米っていうのは備蓄もしなきゃいけないし外国産の米なんかまずくて食えないでしょ」みたいなことをもしかしたらキャンペーンで言っちゃったんじゃないか。

で、タイ米が入ってきたわけだけど、なんでタイ米を輸入したのか。なんでカルフォルニア米じゃないんだ、エジプト米じゃないんだ、韓国米じゃないんだと。タイ米はインディカ米っていう種類の違う米で、日本で食べられているジャポニカ米っていう短粒種というか中流種、っていうのとはちょっと違うんですよね。日本の炊飯器でおいしく炊けるようなものでもないし、そもそも炊き方自体が違いますし、香りも全然違いますし、そもそもおかずを食べるご飯にはなり得ないものなわけですよね。びちゃびちゃしたカレーをかけて食うとか、チャーハンにするとか、そうして初めておいしい米なわけですから、それを日本の食卓に持ってくること自体が大きな間違いであり、そこは実は意図的に日本の米の食糧自給率を100%にするためのプロパガンダだったんじゃないかなというふうに思っているんですよ。

あの時の正しい対処の仕方っていうのは、あらかじめ日本の米の食糧自給率を一定に保っておいて、ある程度市場原理に任せて、近くで取れた日本の新米を食べたい人達は、ちょっと割高な料金を払って日本産を買う。安くてもいい、たとえばファミレスであったり、回転寿司屋さんであったりとか、安さを売りにしているようなところっていうのは外国産の安い米を使うっていう体制をあらかじめ作っておけば不作になった時にも柔軟に対応できると思うんですよ。つまりもともと100%の食糧自給率っていうか米の自給率っていうのを前提にしているがゆえに日本が不作になった時にあわてて周りから輸入せざるを得ない。というところが実は私は根本的に間違っているんじゃないかなっていうふうに思うんですよ。

だって、世界的な気候変動による食糧の不足っていうことよりも、局地的に気候変動が起こってその地区だけ農産物が不作になるリスクのほうが絶対に大きいはずなんですよ。要はそういった不作になる原因でよく昔に飢饉なんかになった時も、やっぱり日本全国で飢饉になるっていうよりは、例えば富士山が噴火して関東地方とか東海地方だけ不作になる。火山の噴火って結構大きいんですよね、日照時間が減りますから。あとは海流の変動であったり、たとえばエルニーニョが起きましたとかね、そういう風に局地的に気候変動が起こって不作になるとか、すごくよくある話なんですよ。

つまり世界的な食糧危機よりもむしろ局地的な食糧危機のほうが起こる確率が高いし、それは数年規模で起こる話ですから食糧安全保障を考えるんであれば、実は食糧自給率っていうのはある程度に保っておいたほうがいい。あまり高過ぎないほうが実はいいんじゃないかと。あとは食の安全の問題もありますけれども、例えば中国産の問題になった加工食品とか、野菜の輸入の比率っていうのは非常に小さいんですよね。そこまで重大に考えなければいけないような問題ではないのかなと。日本の野菜とか穀物だって農薬漬けですよね、正直いって。それは別に外国産だからっていう問題ではないです。もしそういうものがすごく気になるんであれば、本当にその産地の農家としっかり相談をして完全に無農薬でやっているのかってことをちゃんと検証して買わないと、懸念を払拭することって、できないんですよね。だってたとえば田んぼで周りの農家が農薬を使っていて「自分の田んぼだけ使ってません」といっても、水が流れてきますからね。まあナンセンスですよね。あるいは「健康な牛とか豚を育てました」といっても、その飼料が汚染されていたらだめだし、そういうことを考え始めるときりがないというか。そういうところを考えるんであれば、例えば、農薬を使わないとか、遺伝子組み換え作物を使わないっていうことはそれだけコストがかかるっていうことですから、やはり食にお金をかけなければそういったものって実現できないと。

例えば298円の弁当なんていうのが最近話題になっていますけど、「この弁当がなんで298円で食えるんだ」と思わないと。「これは流石に安すぎでしょ」と。いや確かに業者の人達は、涙ぐましい努力をしているんですよ。例えば賞味期限切れ近くの冷凍野菜とかをタダでもらってきたりとかして、使ったりしてる。ああいうのって。すごく創意工夫の中でもちろんコストを削ってやってるんだけれども、それって本当にいいことなのかと。割りを食ってるのはどこかっていうと農家なわけですよ、結局は。本気でまじめに農業をやって安全なものを作ろうとしている農家っていうのを食糧自給率っていう指標だけで測れるのか、という問題がありますよね。で、国内産業、農業の保護みたいな話もあるんですけども、それで実は保護される農家っていうのは兼業農家がほとんどなんですよ。兼業農家っていうのは他に職を持っていて、農業にまじめに取り組んでないんですよ。農業で食えなくなったから他の仕事を始めました、って言うんだけれども、じゃあ農業でがんばってる専業農家とは何が違うんだと。それはやはりまじめに取り組んでいるかどうかだと私は思いますよ。

実は私も母親の実家が農家でして、農業に触れている時期があって、もともとは米を作っていたんですよね、戦前は。けれども戦後、ブーム的に果樹園がはやってみかんを作りだしたんですよ。みかんがいい時期ってのは昭和30年代ぐらいまでで、その後作り過ぎで昭和40年代から50年代にかけて価格が暴落するんですよ。その時期に結構おじいちゃんがみかんをすごく推したわけですけど、おじさんはもうみかんの時代は終わったということで、苺の栽培を始めて、まあすごく対立はしてましたけど最終的に苺農家で大成功するわけですね。福岡県なので今だと「あまおう」という苺が非常にブランド化して、おいしいじゃないですか。ああいったものを作ってるわけですけども、要は作物を変えるってことが非常に難しいってのはわかるんだけども、高付加価値で商品作物として収益性の高いものを積極的に作っていくような、周りに流されないで、いいものを作っていくっていうのは、農家の自己責任で、判断次第で実はできるんですよ。でもそこで安易に農協とかが主体になって、国家というか政治家に働きかけ、補助金くれ、補助金くれ、というふうにいって、しかも農協は農協で金融ビジネスをすごく推進していって……。具体的にどういうことかというと、高い肥料であったり農機具っていうのを売ったり、リースしたりするんですよ。それが実は農協の収益源になっていて、そうやって儲けたり集金したお金は農林中金とかにまわって、それがサブプライムローンみたいなものに投資されて大損こいたりとかするんですけど、だまされて。そういうような非常にちょっとおかしなことになっていて、補助金漬けになって思考停止になってる農家ってのはたぶん山ほどいて、多くは金銭面に転んで借金漬けになって兼業にならざるを得ず、で農業には身が入らないと。そういった農家が私ははたして日本に必要なのかと思うんですよ。

もっとも、「食糧自給率を上げなくてもいいんじゃないか」と私が書いたって、私自身得するわけでもなんでもないんですよ。けど、あえて嘘を書く必要もないし、あえていや「私はこう考えますよと、あなたはどう考えますか」という問題提起をしているだけなんですけどね。「食に対する問題っていうのは実は違うところにあるんだよ」と。それぞれ皆さんが食糧自給率を上げる理由として食糧自給率向上派が唱えてるお題目っていうのは、実は全く違う側面を持っている、っていうことを理解すべきなのかなと。

プロパガンダとして、「自給率上げなきゃいけないんだ」っていうふうに小学校の教科書から教育をされてきて、「自給率を上げなきゃいけない、上げなきゃいけない」誰もそれに対して全く疑問を持たない。私が食糧自給率に対して疑問を呈してたとしてもそれは無視されたり、あるいは猛反発を受けたりとか。こういう思考停止社会が一番大きな問題なのかなと思ってます。

2章　大新聞、生き残りをかけた再編はあるか？

新聞は特権的立場でいろいろ許されてきたけど、今や実売部数はジリ貧

新聞社というのは、宅配収入といった有料配信収入といいますか、そういったものが一つの大きな柱です。もう一つの大きな柱は広告収入です。全国紙の5大紙というと朝日新聞、読売新聞、毎日新聞、産経新聞、日経新聞といわれています。こういった全国紙の広告、昔は一面広告といえば何千万円みたいな、全国に流せば一千万円超える金額が必要だったといわれてましたけど、私が現役で会社の社長をやっていた頃出したことがありますが、本当に驚くほどの額、うん十万円みたいな値段で、「いや特別キャンペーンなんで」と言っていましたが、いつもこの金額でやっているのではないかと思うくらい安くて死にそうだったと。それは5年以上も前の話ですから、すでに当時から新聞広告は非常に危ない状況にあるなと

思っていました。そういうこともありまして、新聞は広告収入が激減して経営を圧迫してたんだと思います。

本当か嘘かは分かりませんが、よく言われている話が「押し紙」と言われる発行部数の水増しの問題です。例えば、発行部数が一千万部と言われていても、その公称部数すべてが実際に宅配されているのか、というようなことがいろいろな所から言われているんですね。ただ、広告を売る時は発行部数は一千万部ということで売っているわけですよ。細かいチラシ広告は地域の公称配達部数をもとにして広告費を決めているわけです。実際に広告を出してみるとわかりますが、そんなに効果がないんですよ。実際はそんなに配られていないでしょう、あるいは読まれてないでしょう、というようなところがあったんでしょう。

広告は効果がなかったら入れないですから、効果がないのに何回も入れ続けるというのは馬鹿な経営者ですから、当然ながらだんだんみんな入れなくなってきます。しかし、営業さんは営業さんで新聞広告の効果があまりないことを知らない人達にどんどん売って行くんですが、それは焼き畑農業みたいなものですから、みんな新聞はちょっといいやということで、広告を入れなくなってきた。いわゆるそういった水増し的な広告の実売部数と公称部数の乖離であったりとか、そもそも新聞が読まれなくなってきているというような現象もあって、広告収入がどんどん落ちこんでいくだろうと。

とはいえ、5年前はそれでもまだ黒字だったわけです。その後、不況の波が押し寄せて、前からやめたいと思いながら付き合いで続けていたところも、さすがに、リーマンショックもあったのでという体のいい断り文句で、早く切ろうと思っていたのがやっと切れたということで、２００９年になってガタンと業績が落ちこんだのが現状なんじゃないかと思っているんですけども。その中でも以前から財務体質がよく、前は儲かっていた会社は、例えば日経新聞や朝日新聞です。実は新聞社の決算は公表されているんですよ。ＥＤＩネットというところで、決算情報が普通の上場企業と同じく見れるんですね。なぜかというと、有価証券報告書を提出しなければいけないと。ある一定以上の株主数があったり、ある一定以上の資産・負債があったりすると上場はしていなくても、決算内容を公表しなければならないというルールがあるんですね。なぜかというと債権者や株主の方々を保護するために情報公開が義務づけられているんです。あまり報道されていませんので多くの人達は知らないですが、テレビ局とかと同じように決算は公開されているんです。

そういうものを見ると、日経や朝日は元々貯めこんだ資産があるので、赤字がきてもそんなに経営が揺らぐことは当面ないかと思っています。あと、都内の一等地に土地や不動産を持っていたりしますので、結構資産額を持っている。これは私もびっくりしたことなんですけども、簿外に美術品を結構持っているらしい。簿外の美術品というのはどういうものかといいますと、新聞社が主催して美術展が開催されることがありますが、展示するためにそういった所で購入する美術品は全部宣伝費で落としているらしい、という話を聞いたこともあります。つまり一括で償却しているということです。これは、おそらく通常では認められないはずなんですよ。美術品を購入したら償却資産にしなければいけなくて、一括で損金で落とすのは駄目だと思いますけど、その辺は、メディアの力といいますか、新聞社の持っている力ということで黙認してもらっていたらしいということです。

新聞社には簿外の絵とか骨董品みたいな物がところ狭しと飾られていると。帳簿に書いていないので、この中から1個くらい黙って持って帰ってもわからない。それはどちらかというと黙認してもらっているところもあり、一歩間違えると脱税になってしまいますので、なかなか公表できないという話を聞いたことがあるくらい、いろいろな特権的な立場を利用して資産を手に入れているんですね。

それがマスコミは第四の権力といわれている所以で、テレビがこんなに優勢になる前に新聞社は圧倒的な力を持っていましたから、当然政治とも近いですし、これもよくいわれている話ですが、産経新聞の大手町の本社ビルは公共新聞のための本社機能が必要だということで格安で払い下げてもらっているという事情があるんですけど、実は今、産経新聞社が建っている土地は、産経新聞社の所有ではなく、あれはサンケイビルという上場企業の持ち物で、それは今フジテレビの子会社です。そういう一民間企業が公開企業で公共の目的のために安く払い下げたものなのに、何故か上場して、キャピタルゲインを得て、しかもまったく新聞事業と関係ないテナントに貸して儲けているという現状があります。

古い話ですから今さら言ってもしょうがないんですが、そういった現状があるんですね。そういった特権的立場にありながら、ぬくぬくと事業展開をしていって、宅配で安定顧客をつかんでというふうにやってきた新聞も時代の波には勝てず、広告効果がないということで広告収入が落ちこむという第一の波を受けていると。おそらく毎日、産経というのは財務諸表を見ていただけると分かりますが、非常に厳しいです。彼らが持っている資産は印刷機などの新聞事業にしか使えない、他に転売できないような資産が資産計上されていますから、これは使えないということであればゼロ査定になっちゃいます。それを考えると財務的には非常に危ない状況にあるわけです。

毎日、産経あたりは非常に厳しいだろうと思います。私はフジテレビの買収等に関わったことがあるので詳しく調べたことがあるんですけれど、産経新聞には実質親会社であるフジテレビから多額の営業協力金が支払われている現状があるんですね。今は実際に広告として、サンスポに載ったり、夕刊フジに載ったり、産経新聞に載ったりとかしていますが、例えばサンケイスポーツに競馬データの提供料という名目でお金を払っていたりとか、そういった営業支援金は結構あって、うん十億円の単位であるらしい。逆にいうとフジテレビからの支援金がなくなると大赤字になるというような非常に脆弱な財務体質にあるんですね、産経新聞なんかは特に。この何年かで毎日、産経の2社は、もしかすると統合されたりとかが考えられる。机上の空論ですが、今、産経新聞の株40％をフジメディアホールディングスが持っていて、フジメディアホールディングス側の意向では完全子会社化したいらしいということです。完全に産経新聞を支配下に納めると。元々、フジサンケイグループといって同じ会社ではないので、社内の確執やグループ内の確執はあるらしいんです。そういう意味で完全傘下入りはいやだということで結構抵抗しているらしいですけども、とはいえ、お金が無いので、もしかすると統合されてしまうかもしれません。

ついでにというか、毎日新聞も一緒に傘下入りしてしまうという可能性はあり、つまり毎日と産経が一緒になるということも十分考えられると。統合してフジメディアホールディングスというまだ儲かっている事業のある一大メディアグループの中に入ってしまう、これは一つの大きく考えられるシナリオかと思います。残る朝日、日経ですが、まだまだ蓄えがあり当分は安泰だと言われていますが、やはり新聞離れは激しい。今まで宅配で取っていた人達がいきなりバンバンやめていくことはないと思いますけども、多くの人達は新聞をネット経由とか携帯経由で見ていますから、デジタル系の情報発信に力を入れていかないと、部数はジリ貧なので維持していくのはなかなか難しいと思います。少なくとも職員の給与は非常に高い水準にありますから、子会社に出向させたままそっちに行ってもらうとかいうリストラの動きも進んでいますし、新聞社のこれからの有料配信モデルは厳しい現状にあるのかなあと思っています。

インターネットの普及で、新聞は淘汰されていって、文化財になる

世の中には新聞は社会の公器だみたいな、新聞の役割にすごく期待する向きもまだまだあると思うんですが、新聞の公器としての役割というのは皆さんの信頼の上に成り立っていると思うんです。新聞社は信用を持っていて、正しいことを書いているのだというような期待

はあると思うんですが、これもインターネットの時代になってだんだん変わってきたなと思っています。

なんでかというとストレートニュース的な情報、一次情報が以前は新聞、テレビでしか得られなかった。例えば今おきたニュースをどこかが特ダネを取る、特ダネを取った新聞社にしか翌朝の朝刊の特ダネは書いていないということを誇りにしていました。今やインターネットの時代ですから、どこかの新聞社に載ったら、あるいはどこかのニュース通信社が発信したら、いっきにネット上でニュースになってしまい、しかも有識者という人達がブログなんかで直ぐに解説を出してしまう状況になっています。一次情報を独占するメリットというか価値がだんだん薄れてきている。

特に若い人達、30代以下の方々がそういったメンタリティーになってきているのかと思っていて、私はインターネットのブログは社説の代わりになるくらいレベルが上がってきていると思っています。実際に評論家だけじゃなくて、政治家の方々のブログで毎日のように発信されている方々がたくさんいます。直接、本人の情報に触れつつ評論家の情報も比べて見れるという意味でも、社説的な解説的な部分でいうと新聞を越えているかなと思います。

あとは一次情報ですが、情報ソースを独占してきたことに彼らはあぐらをかいていました。

それは、最近民主党が政権をとって話題になっている記者クラブの開放ですが、だんだん記者クラブの開放に動きが出てきています。例えば、岡田外務大臣は記者クラブの開放を明言しましたし、実行をしています。外遊にも申し込んだ方々全員が同行してもいいと言っているくらいです。

あるいは、賛否両論ありますが、亀井静香さんは記者クラブ以外の記者に対して会見を開放するという動きが出てきています。これが波及していけば、例えば事件を報道する警察や検察の主要記者クラブや警視庁記者クラブに風穴があくということは、独立系のジャーナリストの人達、例えば神保哲生さんや上杉隆さん達が積極的にブログを含め雑誌などいろいろな所で発信していますので、こういった人達がどんどん増えてくると思います。なぜかというと、インターネット上の配信が採算がとれるようになってきました。以前はインターネット上の情報に対してお金を払うことが受け入れられない土壌でした。

今、ネットだけで稼いでいる方は私が知っているだけで10人以上います。ネットでストレートニュース、一次情報を取材する方々がいますが、これからも増えてくると思います。そうなってくると、益々新聞記者の役割が薄れてくるのではないかと思います。独立系のジャーナリストは読者から直接お金をもらって生活していますから、広告主の顔色を見る必要がありません。そういう意味でいうと、広告主に配慮して不利な情報を流さないということがなくなるので、読者は一次情報の解説に関してもネット配信情報の信頼度が高いことに一度気づくと、みんなそっちの方を見てしまうような気がします。高齢者の方はインターネットをやらないのではないかと言いますが、私はそうは思いません。きっかけがありパソコンに触れるようになるとインターネットの便利さに気づくと思います。新聞社は、減り続ける広告主にも配慮しつつ、お金をかける高級体質を捨てきれず、財務的にかなり難しい状況になっていくのではないかと思います。もう一回くらい引き金になる直接的な出来事がおきて、淘汰されていくのではないかと思います。

新聞が完全になくなるということはないと思いますが、フランスみたいに補助金を出して文化を保護するということで、文化財になってしまいます。営利団体ではなく、文化財、NPOになってしまうことは、充分考えられる将来だと思います。

3章　郵政民営化見直し論、本当に怖い問題とは

郵貯・かんぽというガリバー会社の運用資産がどう使われているか知ってますか

郵政民営化というと、だいたい皆さんすぐ思い浮かべられるのが、郵便のことだと思いますが、そもそものことが、非常に大きな問題なんですよ。

郵政っていうのは郵便事業だけではなくて、郵便貯金の事業と、簡易保険の事業、この三つで成り立っていて、小泉政権時代に郵政民営化法案が通って、実際に、日本郵政という持ち株会社を作って、その子会社として四つの子会社ができました。一つは郵便事業会社、そして郵便局の運営会社、そしてあとの二つが簡易保険の会社と、郵便貯金の会社なんですね。だから三つの事業から成り立っていて、それに郵便局があるというのが、実は日本郵政の構造なんですね。

多くの人たちがイメージされるのは、郵便局員が手紙とかを配達しているようなイメージですけど、実はそれは大きな間違いでして、確かに郵便事業会社に属している職員は多いし、郵便局会社に属している職員は多いんですけれども、実際はそのお金の流れという意味でいうと、まあ一つの日本郵政というバランスシートを見ると、一番大きいのは簡易保険、そして郵便貯金なんですよ。ここに要は数百兆円のお金が眠っていると、それは皆さんの預金だったり、保険料の積立だったりするわけなんですけれども、この構造を一つ一つ、まず郵政民営化そのものがどういう風にしようとしていたのか、ということから話を始めます。

郵便事業というのは皆さんよくお分かりだと思うんですけど、手紙と葉書きを送る事業、これは実はヤマト運輸とか佐川急便とかそういった普通の物流会社もやっていて、例えばクロネコヤマトだったらメール便という形で、こういうのをやるのには実はユニバーサルサービスというのが義務付けられていて、どんな過疎地でも基本的には届かなければいけない、そうでないとこういった事業に参入できない、という縛りがあるんですね。そういう意味では、郵便事業会社も物流会社も同じ所に立たされていると。

で、同じくゆうパックのような小包の事業、こちらもやっぱりヤマト運輸とか佐川急便とか日本通運のペリカン便とかそういったところと競合していたわけです。ただこの部分に関していうと、小包事業というのは実はペリカン便と統合が進められていた最中だったんですね。ともかく、ヤマト運輸、佐川急便みたいな民間企業との競合によって、コスト高ということで、郵便事業っていうのは赤字体質がずっと続いていました、という状況です。

郵便局事業なんですけれど、これも実は日本最大のネットワークを誇っておりまして、民間企業に直すとですね、コンビニのような事業なわけですね。物販はそういった郵便に絡む物しかやっていませんけれども、将来的には、例えばゆうパックなんかは地元の土産物、特産品であったり、そういったものを全国に配達するような事業も行っていますし、見ようによっては、日本最大のコンビニであるというふうに言うこともできるでしょう。実際そういった方向性を目指して、郵便局会社というのが作られたんですね。ただ、日本郵政の問題の中では、実はそれはさほど大きな問題ではないんですね。

それよりも大きな問題は郵貯とかんぽの問題でして、郵貯っていうのは郵便貯金ですから、銀行みたいなもんで、日本の銀行と実は競合するわけですけど、これも預金の規模では日本最大の金融機関なんですね。かんぽ生命も同じく日本最大の生命保険会社であるということで、非常に大きなガリバー会社なんですね。この人達、民営化される前はどのようにして資金を運用していたかというと、国債を買わされていたんですね。国債を買わされていたというよりは、もっと大蔵省に資金運用部というのがあって、そこにダイレクトに資金が預けられていて、利息が毎年決められた利率で郵政の方に戻ってきていたんですね。なので郵貯に預けておけば、毎年確実にこれだけの金利が付きますよと、しかも政府が保証してくれていますよと、その実どういうことをやっていたかというと、大蔵省の資金運用部っていうのは結構デタラメな投資をしていて、日本中にいろんな無駄な施設が作られたと。

そのうちの有名なものでいうと「かんぽの宿」だとか、「メルパルクホール」とかですね、そういったいろんな施設が作られていったりして、田舎のまったく誰も来ないような所にでっかいホールが建てられたりとか、それも結構、政治家と癒着をして、こっちにこういうのを作ってほしいんだけど、ということで政治的な圧力がかけられて、大蔵省の資金運用部の資金が使われて、無駄な物がたくさん作られる。例えば十億で作った施設が、毎年その利益を生まないで赤字になるとどうなるかというと、税金から補てんをされていたわけです。本来は郵貯、かんぽの資金なんで、そこに預けていた人達が割を食うのが筋論なんですけれども、政府が補償しているわけですから、それはできないんで、実はそこにも税金が使われていたわけですね。要は郵貯、かんぽに口座を持っていなくても、間接的にそういった赤字の負担をさせられていたとも言えると思いますね。

それを民営化することで切り離して、そういった無駄な運用からまず無くそうということなんです。というのは、いわゆる直接的に税金、所得税とか法人税とか消費税から取る一般会計とは違って、特別会計であったりとか、今、闇だって言われている部分で、国民の厳しい目にさらされにくい部分なんです。そこに郵貯マネー、かんぽマネーが流れ込んでいて、国の裏の財布として使われていたという事実があって、これを何とか透明化しようということで、まず大蔵省の資金運用部から切り離したんですね。これが財投改革の第一歩なんですけども。

次に民営化して、国債での運用比率を下げていこうということで、今20％ぐらいが国債以外で運用されるようになったわけですね。そもそも大蔵省の資金運用部に預けていただけですから、一般の銀行とか生命保険会社みたいに、運用とか貸し出しのノウハウが無いわけですよ、全然。だから日本郵政の西川社長を初めとした経営陣が努力をされて、まずそれを一から作っていったわけです。西川社長の出身母体の三井住友銀行とかそういった所から人が来て、一から作り上げてきて、曲りなりにも融資ができるような部門、運用を自主的にできるような部門が出来つつあったわけですが、そこに来てこういった郵政民営化の見直し論っていうのが出てきたわけですね。

で、これは実際本質的にはどういう問題かというと、郵便局の部分なんか実は瑣末な問題なんですね。ただ政治的にはそれを利用するんですよ。田舎の過疎地に郵便局がひとつも無い、みたいな話を凄いセンセーショナルな話題にするわけですけど、今、実はヤマトとか佐川とかどんな過疎地にでも配達しますし、集配所もありますよね。コンビニエンスストアだって結構な田舎にでも作られるようになりました。本当に郵便局が無いと困る地域っていうのは実はほとんど無いはずなんだけれども、一部のそういう困る案件というのは確かに存在して、それを凄くセンセーショナルに政治的に扱うことによって、郵便局であったりとか、そういう問題に人々の関心を引き付けるんですね。

あるいはちょうどこの前の衆議院議員総選挙の前に話題になっていたかんぽの宿問題ってありますよね。かんぽの宿問題も実はその何百兆円ていう資産の中で、せいぜい百億ぐらいの、全体から見れば1%以下のすごくちっちゃい問題で大騒ぎしていたわけです。これがあたかも非常に大きな問題であるかのようにやっていたわけですけど、これ民間の企業の間ではバブルの頃に作った、何千億もかけて作った施設が本当に捨て値で売却されていたりとか、ゴルフ場とかでも、100億、200億かけて作ったゴルフ場が、ゼロ円で企業に売却されていたりっていうのが普通に起こっていたことなんです。これは当然のことながら、お金を生まない施設、維持費用の方にお金がかかってしまうような施設っていうのは、収益性がゼロなわけですから、ゼロ円でも買ってくれる所があったら喜んで売りますよ、じゃなかったらもう潰れて廃墟になっちゃいますよ、というようなことなんです。

かんぽの宿もそういう風になっていた施設が多数あったわけです。何故かっていうと採算性を度外視して、政治家主導の利権誘導で作られたからなわけです。大蔵省の資金運用部で郵貯、かんぽのマネーが運用されていた時代の名残りなんですよね。だからまとめてですね、優良案件とダメな案件をまとめてバルクで売るとかっていうのは、普通に不良債権処理の現場では当たり前に行われていた事であって、例えば今回オリックスの不動産部門が買うっていうことになっていましたけど、あれだってオリックスの株主なんかは、「こんな値段で買うなんてお前とんでもねぇことだ」って言う人すらいるくらい、割と高値で買っていたらしい、と。ああいった問題が起こったから、ガラス張りになっちゃって、皆見ちゃったら、これはちょっとオリックスが結構高い値段で買おうとしてたんじゃないか、というふうな意見すらあるくらい、まあ結構フェアな案件だったと。なのにああやって大騒ぎして、多くの国民がそれを誤解してしまって、一部の人達が郵政民営化利権があって、好きなようにしている、なんていうふうなことを言う人だっていたわけですよ。

そういった政治的な問題にされてしまって、大きな何百兆円という運用資産をどう使うのか、という問題に関しては実は人々が無関心であるということが、非常にいま大きな問題になっているんと思うんですね。

郵政を再国営化して、国債のバラマキに使われないよう、国民は監視を！

亀井さんがなぜか郵政民営化見直し担当大臣、そして金融大臣になったかと、この意味が何かというと、「大蔵省の資金運用部時代に戻そう」という企てなんじゃないのかな、というふうに私は思っているんですね。というのはいま郵貯、かんぽマネーの20%が、五十兆円とか六十兆円とか言われていますけど、この額が国債以外で運用されているんですよ。つまりこれを100%国営に戻して、あるいは国の管轄下において、国債を買わせようということなんじゃないかなと。つまりこれまでどおり、黙って国債を買ってくれる便利な金融機関として残していこうと思っているのではないかな、というふうに考えているわけです。

けれど、実はこれは日本経済、そして日本の国の財政を考える上で非常に大きな問題でして、いま国債、そして地方債を含めて、国と地方の借金の合計一千兆円くらいあると言われている。これは国債、地方債という形で誰が買っているかっていうと、日本の金融機関が買っているわけです。日本の金融機関で一番買っているのが、郵貯、かんぽ、そして都市銀行なんかがたくさん買っているわけです。何で都銀が国債をたくさん買うようになったかというと、これも国の政策なんですけど、ゼロ金利政策にあるわけです。ゼロ金利政策ってのはどういうことかっていうと、政策金利を限りなく0%に下げて、そして預金を個人とか法人から集めるわけですけど、集めた預金とそれに対しての利子は限りなく0%に近い額しか払わなくてよくなるわけですよね。そうすると銀行っていうのは例えば1%、2%で運用しても利ザヤが稼げるわけですよね。というのはどういうことかというと、例えば国債とかって利率は非常に低いわけですよ。2%とかね。でも、たとえ2%、3%の国債で運用したところで、0%で借りているわけですから、2%とか3%利ザヤが稼げるわけですよ。つまり預金をバンバン集めて、集めた預金をただ国債で運用しているだけで儲かる、利幅がとれる、という時代に誘導したわけですよ。そうやって皆融資のノウハウが無くなって、国債ばっかり買うようになって、国債とか地方債をどんどん引き受けるようになっちゃったわけですよ。それで日本の借金っていうのは、どんどん増やされてきたわけです。それが一千兆円とかっていう額になっているわけです。

ただもう既にですね、日本人の個人金融資産っていうのは一千四百兆円とか一千五百兆円ていわれていますけども、もうあと数百兆円、四百とか五百兆円ぐらいしか余力が無いわけですよ。だから今まで例えば米国債とかそれ以外のファンドとか株式とかそういったもので郵貯とか運用していた何十兆円も欲しくなってきちゃったわけですよね。もっと国債を増発しないと民主党は公約を実現できませんよね。子供手当だって高校の無料化だって雇用対策だって、すごくお金がかかるわけです。この財源をどうしようかっていうところで、郵貯も欲しいよね、かんぽも欲しいよね、って話になってきているわけですよ。ただもう余力が四百兆円とかしか無いわけですよ。これすぐ使い切ってしまうと思いますよ。

これ使い切った時にどうなるのか、これを考えると非常に恐ろしいことで、普通の国っていうのは、自国の金融機関が国債を買ってくれないんですよね。あるいは国債を買うだけの余力が無いわけです。だから外国では、自分の国じゃない国に対して、高い利率、5％とかもっと高い7％、8％とかで国債を買わせているわけですよ。例えばアルゼンチン共和国債みたいに、十何年か前にデフォルトしましたけど、破綻して紙屑になったようなことが実際に起こってくるわけですよね。日本はまだ国内の金融機関が、郵貯、かんぽを含めて国内の金融機関が国債を買ってくれていますから、だからまあそんなに今は心配しなくてもいい、というふうに言われていますけれども、もう余力はほとんど無いですから、そうすると海外に向けて売るしかなくなるわけですよね。

でも、こんな成長が止まって、人口がどんどん減っていく衰退国家に対して、低い金利でお金を貸してくれるわけがないと。そうすると当然、必然的に金利が高くなりますよね。そうするといつかは金が返せなくなるぐらい借りてしまう可能性っていうのは非常に高いな、と。多重債務者に陥りがちな罠ですよね。例えば日本国のＧＤＰをですね、企業とかの売上、あるいは個人の所得だというふうに考えれば、日本のＧＤＰってせいぜい四百兆から五百兆ぐらいしかないわけですよ。借金は千兆ある。実は収入の倍の借金があるわけですよね。それって結構危険水域だと私は思うんですけども。

その中で自前の金融機関から、さらにそれを国営化してお金を借りようとしている状態っていうのは非常に危ないと言わざるを得ない。つまり今郵政民営化の見直しっていうのが行われていますけれども、そういった政治主導で国民には郵便局の存続問題だとか郵便事業のユニバーサルサービスが維持できなくなっているんじゃないか、とか、いろんなことを言いながら、その実、郵貯とかんぽの国の財布化、というのを主問題として考えているのではないかと思う。

亀井大臣なんかも言っていますけど、彼が考えていることっていうのは財布はいくらでもあると、お金はどんだけでも出てくるんだと。郵貯にはお金があるんじゃないかということを彼は言おうとしているわけです。それをみんなで使おうと。使っちゃったら戻ってこないですから、これは実はその、お金は貧乏な人達、収入が低くてセーフティーネットが欲しいと言っているような人達に対して配るのはいいんですけれども、彼らが更にお金を生んでいかなければ実はやっていけないはずなんです。つまり、ただ使うだけではお金は増えませんから、もっと成長性の高い事業だとか、成長戦略の為にお金は使わなければいけないんですけれども、それを国主導で政治家の利権誘導も含めて使おうとしているというのは、これ、形を変えたバラマキだと思うんですよ。

大蔵省の資金運用部の財政投融資時代っていうのは箱物にお金をかけていたわけです。ダムを作ったりとか、ホールを作ったりとか、そういった箱物に対して補助金という形でお金を渡して、そして地方とかそういった所を潤わせようとしたわけですけれど、今の民主党政権がやろうとしていることっていうのは、個人に対してそれを直接給付しようとしているわけです。子ども手当もそうだし、高校の無料化もそうだし、農家の個別補償もそうなんですけれども、直接お金を配ろうとしているだけであって、本質的なバラマキっていう部分では変わらないわけです。その財源として郵政民営化を見直しして、再国営化をして、少ない財布を更にそういったバラマキに使おうとしている。これを国債バブルと言う人もいるぐらいで、国債バブルによって日本経済っていうのは成り立っていると、いつ破裂しても不思議ではない、でもバブルが破裂するのはいつか、今までのバブルの歴史を見てみても分かりませんから、これに関しては国民はちょっと警戒をして、厳しく監視をしていかなければいけないのではないか、政府に対して文句を言い続けないといけないというふうに思います。

4章　電気自動車ビジネスで産業構造が変わる

電気自動車の登場で覇権を握るのはベンチャー企業でしょうね

今、電気自動車に関しては、日産など一部メーカーが今後積極的にやっていこうと、かなり具体的なビジョンを打ち出してきている状況にやっとなってきましたが、私が注目しだしたのは2005年の頃です。慶應義塾大学の清水浩教授がエリーカ（Eliica）という八輪車の非常に変わった形の電気自動車を考えました。実際に運転したことがありますが、とてもすばらしい加速性能で、これからは電気自動車の時代が来るのではないかと、彼にレクチャーを受けて確信しました。

それから4年も経っていますが、やっと電気自動車の動きが出て来ました。ただ、私は電気自動車の時代に覇権を握るのは、トヨタや日産のようなメーカーではなく、まったく新しいベンチャー企業ではないかと思っています。シリコンバレーのテスラーという電気自動車のメーカーがあり、実用的な車を世の中に送り出していますが、例えば、そういった会社が一つの大きなプレーヤーになっていくのではないかと思います。なぜかというと、電気自動車というのは、ハイブリット車もそうですが、既存の内燃機関を使ったガソリンエンジンと根本的に異なります。エリーカはインホイルモーターといい、ホイルの中にモーターが一つずつ入っていて、タイヤとホイルが一体になってモーターが付いた部品が一つの部品になっています。例えば、四つタイヤが付いているとすると、モーターが四つ付いています。その間と制御装置の間は、ドライブバイワイヤーで結ばれています。今の車はドライブバイワイヤーではないです。一部はありますが、基本的にはハンドルの動きはドライブシャフトなどを通じて車輪の動きに連動しますし、ブレーキやアクセルの動きも油圧装置を通じてエンジンに伝えられるようになっています。完全なドライブバイワイヤーではないです。

エンジンからの情報伝達も基本的にはエンジンにギヤが付いて、ギヤが車軸、そしてディファレンシャルなどの部品を通じてタイヤに動力を伝達しています。それが電気自動車ではエンジンもなくなりますし、ハンドルやアクセル、ブレーキを通して得た情報をコンピューターが処理し、直接モーターに電気信号で送るという装置になっていきます。部品の考え方でエンジンが要らなくなるのが非常に大きな進化です。エンジンは内燃機関ですが、流体力学、それも高温の流体力学の世界は未だに完全にコンピューターシュミレーションができません。考えた通りに動くかどうかは、実験を通して実際にやっていくしかないんで、職人の技術と経験、勘の世界です。

しかしながら、モーターはそういう物ではなく、コンピューターシュミレーション通りに動く物です。なので、設計の仕方が根本的に変わっていきます。また、モーターのメーカーは自動車のメーカーではありませんから、一つの部品です。モーターの部品メーカーがモーターを供給しているわけです。トヨタ自動車や日産自動車がいいモーターを作れているわけではないです。今でもモーターのメーカーから供給されているモーターを使っているわけです。それはハイブリットエンジンのモーターもそうです。電池はリチウムイオン電池が使われる予定ですが、電池もトヨタ自動車や日産自動車がいい電池のメーカーであるわけでなく、ＧＳユアサや、三洋電機のようなところが優れたリチウムイオンバッテリーの技術をもっています。それと組込み型の制御ソフトがコア部品になっていきます。自動車の組立メーカーは単なる組立メーカーになっていくのではないかと思います。

今から20年前〜30年前に同じような業界の革新がコンピューター業界でありました。30年前のコンピューターはオフコンとかミニコンとか呼ばれていて、その時代の巨人はＩＢＭだといわれていました。ＩＢＭはビッグブルーと呼ばれていて、非常に大きなコンピューターメーカーでした。日本の富士通とか日本電気ＮＥＣが非常に大きな巨人でしたが、今はそんな時代ではない。ＩＢＭは世界最大のコンピューターメーカーでも何でもなく、今や巨人はマイクロソフトやインテルです。最近はネットワークＯＳの時代になってＧｏｏｇｌｅが出てきましたが、まったく勢力図が変わってしまったわけです。ＩＢＭはパソコンの分野でいうとただの組立会社になってしまって、あろうことか、ThinkPadは中国のレノボという会社に売ってしまったくらい、ＩＢＭはコンピューターそのものを作って稼ぐ会社ではなく、コンピューターのソリューションを提供する会社で、システムを作ったりパッケージにして売ったりする会社になってしまいました。産業構造が変わってしまったわけで、おそらく自動車業界もそういう時代になるのではないかと思います。

つまり、コンピューターの世界でインテルやマイクロソフトが出てきたように、あるいはメモリーを作るサムスンみたいな会社がすごく大きくなったりするように、バッテリーを作っている会社や、モーターを作っている会社、制御ソフトを作っている会社の中から、世界的な巨人がそこから生まれて来て、コンピューターの組立メーカーでいえばＤｅｌｌみたいにその辺の組立の効率をよくしたり、部品のサプライチェーンマネジメントをうまくするような会社が大きく伸びるのではないかと思います。これからの電気自動車時代の世の中は、そういう産業構造に大きく変わるのではないかと思うのです。

電気自動車時代にはエネルギー革命が起きると思っています

実は電気自動車の波及効果はそれだけに留まらないと私は考えています。何故かというと、一つは電力の問題があります。ハイブリット車と違って電気自動車は完全に電気だけで走りますが、それには安い夜間電力が使えるんですね。エリーカを開発された慶應大学の清水教授の話によれば、リッター1円で走ると言われています。100キロくらい走る位のパフォーマンスで、ハイブリット車でもそんなに効率は出ないと思いますが、それくらい安くなるといわれています。

どうして夜間電力は安いのかといいますと、実は、夜間電力は余っています。どうしてかというと、電力の需要に関してよく知っている人は非常に少ないんですが、日本での電力の供給方法は火力発電と原子力発電、そのあと水力で、環境エネルギーといわれる風力、地熱、太陽光というのはまだまだ少なくて、10%いっていないんですね。これを常に同じ割合、出力で24時間稼働しているかというと、当然夜間は電力消費量が少ないわけです。暑い日はエアコンの需要が増えて電力供給の需要が伸びたりするわけですが、ピーク時は発電容量を増やして対応しているわけです。夜間は必要ないので電力を出さないようにしていますが、電力はある程度作られてしまいます。これは原子力発電のためです。日本でも50%いかないくらいですが、原発に依存しています。原発というのは火を止めることができないことはないんですが、止めるのに非常にコストがかかるわけです。たまに地震や事故で原発を止めたりしますが、再稼働するのに時間がかかります。点けたり消したりという制御が非常に難しいので夜間も点けっぱなしなんです。最低限火力発電とか石炭火力も止めるのは結構難しいらしいですが、重油や水力発電は必要のない時には止めています。だけど、原発は点けっぱなしにしなければならなく、夜間点けていて余っていて勿体ないので、例えば水力発電の水を汲み上げてダムの上に持っていってピーク時に使うような揚力発電ができるくらい余っています。だから夜間電力は使うべきなんです。

自動車に電力バッテリーが付いていれば、安い夜間電力で充電することが可能で、コストが非常に下がる。さらに、そうやって電気自動車が普及するとバッテリーの値段が下がるはずなんですね。リチウムイオンバッテリーは今はまだまだ値段が高いですが、自動車用のリチウムイオンバッテリーが普及すればするほど、大量生産になりますから値段が下がってきます。世界のリチウムの供給量の大半を中国や南米が持っていて、輸出制限をかけたりという話もあり、オルターナティブ、代替のバッテリーの製作方法は模索していくと思いますが、安くなっていくのは間違いないです。そうすると、スペアのバッテリーを家庭に置いて蓄電することすら可能になっていくのだと思います。また、ピーク時の電力供給を自家用のバッテリーで補うことが可能になるのではないかと思います。ピーク時に電力を火力発電などを使って調整する必要が軽減されますので、CO_2の発生も抑えられ、エコであるということもいえるようになってくると思います。

これが電気自動車時代にエネルギー革命がおきると私の思っている一つの大きな理由です。例えば、自家用のバッテリーとして電気自動車が使われるようになって、会社に行って会社の電力源として一部電気自動車に乗っているバッテリーを使うことも可能になってきます。そうすると、火力発電を減らすこともできます。仮に原子力発電を70%、残り30%を火力発電にすることもできます。水力発電も土砂がダムの所にたまったりとか、栄養分が下流に流れなくなり魚が育たなくなったとか、海岸線に土砂が行かなくなったので海岸線がどんどん削られて砂浜が減っているというような弊害が出て環境破壊につながるといわれています。水力発電も止められるかもしれないですし、無駄なダムを作ってお金をたくさん消費することもなくなるかもしれないです。

最近、原子力発電が見直されてきていますけれど、原発を増やして安定した電力供給ができるようになります。昼間のピーク時は、太陽電池パネルで発電した電力を、電力会社に従来の2倍の価格で買い取らせるという法案が最近成立しましたが、そういう形で太陽電池パネルもどんどん普及していくのではないかと思います。日本で太陽電池パネルはつい何年か前までは世界一の普及率でしたが、ドイツに抜かれたんですよ。なぜかというと、ドイツは補助金を出したからです。そういった環境エネルギーに対する補助金は、日本も出すようになりましたから、これからは爆発的に太陽エネルギーの発電も増えていくのではないか。夜間は原発の電力を自動車であったり、自動車で安くなったバッテリーの充電をして、昼間は太陽光発電や風力発電のようなエコエネルギーで電力を補完することで、火力発電のようにCO_2を発生するような、原油を消費するようなエネルギー源を使わなくて良くなる未来は非常に近いんじゃないかと思います。電気自動車は、環境やエネルギーに関する問題に直結しているんですね。

さらに、原発を日本に作るのはどうなんだという議論がありますが、これも非常にいいアイディアがあって、原子力専門家でもある大前研一さんが提唱していましたが、ロシアのシベリヤは結構日本に近いわけですが、ロシアの原子力発電の技術は日本に比べると相当遅れているんです。原子力分野での協力は日露間で非常に求められている課題です。シベリヤのような人が殆ど住んでいない所に、原子力発電所をたくさん作って、そこから日本に送電線を引く。日本は技術協力をする見返りにシベリヤに日本向けの原発をたくさん作ってもらうと。人の住んでいる所から離れていれば非常に安全ですから。そこから日本にたくさん送電線を引きます。この送電線に関しても今新しいテクノロジーができています。送電線というのは送電ロスが一番問題です。遠距離の送電線を作ることの問題は送電ロスがでることです。送電ロスは、電線の電気抵抗があり、少しずつ電気がロスしたり放電されていくことで起こります。

そこに出てくるのが超伝導技術です。超伝導というと昔からあるよねという話ですが、高温超伝導というのが一時期注目されたんですね。実際、技術開発がどんどん進んでいて、高温といってもマイナス170度とかマイナス160度という世界ですけど、以前はマイナス200度を超えるような超低温でしかできなかったんですね。そういった超伝導になる物質は、液体ヘリウムとか液体水素で冷やしておかなければいけなかったんですけど、その問題点は、液体ヘリウムや液体水素は非常に分子量が小さくて漏れやすいんです。

ですが、液体窒素で冷やせるくらいの高温であれば、作るコストも安いし漏れにくいので、液体窒素を使う高温超伝導の技術が最近開発されました。日本企業は超伝導になる物質を大量生産して、長い電線にする技術を出したんですね。こういった技術を使えば長距離の電力輸送に関してもほとんど送電ロスがなく送電することができます。シベリヤに原発を作って日本から原発を全部なくしてしまうことすら可能かもしれません。そうすると、火力発電もなくなり、原発、水力もなくなれば、後は太陽電池パネルを貼ったり、風力発電でクリーンなエネルギーだけ日本に置いておいて、全ての電力需要を満たせるようになるんじゃないかと思います。

電気自動車はその第一歩です。これから電気自動車は非常に面白くなると思いますので、どんどん普及して欲しいです。ただし、それで覇権を握るのはおそらく今までの企業ではないだろうなと思っています。

5章　個人メディアはマスコミを凌駕するか

Twitterは確実に新聞を超えるメディアになりつつありますね

現在、Twitterに、私のフォロワー数が48万人くらいいて、先日、毎日新聞のオフィシャルアカウントを抜いたということをブログに書いたんですが、その後も差は広がりつつあります。まあ、Twitterというメディアは即時性があって即効性が高いメディアなんですけれども、ここがすごく面白いところで、ニュースサイトとか、天気予報とかストレートニュースをTwitterでやっている会社がありますが、ある一定のところまではユーザー数が伸びても、ただのストレートニュースには、あまり興味のないニュースも多いんですよね。新聞とか天気予報とかもそうですけど。例えば天気予報なんていうのは、どっかにゴルフをしに行くとか、海に遊びに行くとか、そういう時になんか寒かったらやだなとか、波高かったらやだなとかね、そういうのを知りたくて、天気予報にアクセスするわけで、明日の天気がなになにですっていうのは、実は必ずしも欲しい情報ではないのかなと。

あと例えばニュースにしても、いろんなジャンルのニュースが流れてくるわけですけど、ある人は政治経済にすごく興味があるかもしれないし、ある人はスポーツに興味があるかもしれないと。携帯電話の情報サービスでも思ったんですけど、ｉ-ｍｏｄｅとかにアクセスしなくても、携帯の待ち受け画面にニュースがテロップで流れるサービスってあるじゃないですか。あれには結構困ったことがあって、例えば日曜日なんかにスポーツ中継、ゴルフ中継とか、あるいはＦ１とかそういうのやる時には、テレビで試合中継をやるのがちょっと遅い。一時間くらいタイムラグがあったりするところで、ニュースは何もそういうことには配慮せず、ただ流れるんですよ。例えばゴルフだったら、女子ゴルフで横峰さくら選手が年間賞金女王になりましたみたいな。あ、先に結果わかっちゃったよみたいな。せっかくテレビ楽しみに見ようと思ってたのにとか、困ってしまうようなこともあったり、自分の興味がないジャンルでも、こういった困ったことが起きたりするのでそのへんは注意しなければいけないんですね。

そういうストレートニュースに関してＴｗｉｔｔｅｒで私が思ったのは、自分の興味がある人だけをフォローしていれば、つまり購読をしていればね、その人がストレートニュースを見て、ものの数分で解説入りのコメントを書いてくれるんですよ。例えば、日銀が金融緩和を決めました、みたいな。で、これをどう読めばいいのかって、一般の人はわかりにくいと思うのですけど、それに関して簡単な解説をＴｗｉｔｔｅｒで流してくれたりとか、ブログで流してくれたりとか、そういうところがすごく便利なんですね。ストレートニュースなんかの情報源というのはラジオでもいいしテレビでもいいしネットでもいいわけで、そんなのはいくらでも取れるわけですよ。で、それを加工して解説つきで見れるというのが、ものすごくＴｗｉｔｔｅｒらしいと思うところです。逆に言うと、そういう簡単な解説を出してくれる人が、結構Ｔｗｉｔｔｅｒ上、ネット上に多くなってきたってことがいえるのかなと。

実は、新聞社においては役割分担がされていて、ストレートニュースを流す記者というのは基本的には通信社の記者なんですよね。新聞では、単なる公式発表の情報を聞いて書くだけで、自分の見解とか解説なんかは全然内容に盛り込まないというようなニュースのことをストレートニュースというのですけれども、それといわゆる、この記事は誰々が担当しました、写真は誰々が撮りましたという署名記事というのが混在しているわけですね。

ネットのＴｗｉｔｔｅｒ上の情報というのは、いわゆる署名記事のダイジェスト版みたいなもので、要点がそこに載っているという事なので、本当の署名記事を書ける新聞記者的な役割をネット上のそういう評論家みたいな人達が負っているような状況にあると。で、もっと詳しい解説記事が読みたければ、ブログに行ってくださいと。またその中の一部の人達はその記事を有料化しています。月額購読千円で書いていますとか、より詳しい情報とか解説が知りたい人は有料会員サイトに行ってお金を払って見るという流れがだんだん確立しつつあるんですね。

それが新聞なんかの既存メディアだと、結構ごっちゃになっていて、読みたくない記事も山ほど入っているというところが、新聞の大変なところなんですよ。実は日本の新聞社はさらに、そこは特殊性がありまして、なぜか新聞社の中にいわゆる通信社系の記事を書く、ストレートニュース、いわゆるベタ記事を書く記者と、署名記事を書く記者というのが一緒にいるんです。で、その人たちの給与水準というのはあまり差がないという不思議な状況になっていて、これは海外ではまったく違っていて、たとえばAP通信とかそういった通信社というのは、基本的にただストレートニュースを流すだけなんで、あんまり頭使わなくていいんですよ。ただ、「てにをは」がちゃんと書けて、嘘を書かないようにちゃんと訓練されていればできるんで、一番駆け出しの記者がやる仕事っていうのがストレートニュースをただ流すだけという仕事で、そういうのがAP通信とかの通信社にいるわけですよ。その通信社の人達がヒエラルキー的にいうと一番スキルが低いヒエラルキーになっていて、給料も安いわけですよ。それでコスト競争をしているわけです。

通信社が新聞社とかテレビ局とかインターネットメディアとかに記事を有料で配信して、それを元にして新聞社の記者とかはニュースを署名記事で書いているんです。それが要は、記者としてのヒエラルキーの上でいうと二番目にあるわけですね。さらに欧米系のそういったメディアというのはそっから独立してフリージャーナリストになる、というのが一番上の階層なのです。その中でもニュースキャスターやったりするような、テレビとか自分のメディアで有名な方々は億単位の年収を得られるすごい著名記者になっていくわけですけど、そういうヒエラルキーがある。日本の場合はそれが全部新聞社の中で抱え込まれていると。さらにテレビ局も全部新聞社のネットワークの中に、ようは資本構造の中に組み込まれているので、完全にその中で囲い込みがなされているっていう風な状況にあるんですね。だからこういう状況になってくると、いわゆるベタ記事を書く記者の給料というのが重く経営負担にのしかかってくるのかなあと。

例えば毎日新聞クラスだったら、本当は200~300人記者がいれば、あの紙面は作れるんですよ。なのに、全国に支局を持って、そこにストレートニュースを収集する人達がいて、その人達が全員記者クラブっていうものに入っていて、そこでニュースをただ書いてる人達っていうのが山ほどいると。その人達に、結構な給料とあと社会保障、年金とかですね、そういったものも全部保障しているという状況にある。この前、毎日新聞社が共同通信に加盟するという話がありました。日本で通信社っていうのは、基本的に共同通信と時事通信しかないんですけれども、この通信社、共同通信に入るとはどういうことを意味するのかというと、毎日新聞社は自分達でストレートニュースを集めるのを止めようとしているってことなのです。つまり彼らは、支局を全部閉鎖したいと思っている、そういったストレートニュース、ベタ記事はスキルが低い記者でも書けるので、外注してしまいましょう、ということになりつつあるのかなと。これ、地方の新聞社ってのはみんなそうなんです。全国のニュースを収集するのはなかなか難しいので、そういったものは共同通信にまかせているんですよね。で、そこから記事を買って、新聞の体裁を整えて出していると。もちろん記者が自分達の意見とか解説をいれて記事は作るのですけれども、新聞社の経営的にいうとそういった通信社を自前で抱えるというのはなかなか難しいことなのに、今まで日本のメディアっていうのは頑張ってやってきたわけですね。

記者クラブって、実は利権の象徴で、情報を独占してきたツケが今きている

新聞社でメジャーな所というと、朝日新聞・日経新聞・読売新聞・毎日新聞・産経新聞ってありますけど、経営体力的にいうと、毎日新聞・産経新聞っていうのは非常に厳しい状態にあります。上場しているわけではないのですけど、ある程度負債の金額とか売上利益とかの基準によって財務諸表を公開しなければいけないことになってまして、それを見ると、非常に現金的な、現金同等物の蓄えというのは、比較的朝日新聞や日経新聞といのはあるのですけども、産経・毎日はほとんどない。一応資産は、債務超過にはなってないんですけれども、その資産計上されているものっていうのの中には輪転機であったりとか、新聞社じゃないと使えないような資産が資産計上されているんですね。つまり、経営が結構厳しい状況になってきたときに、ゴーイングコンサーンというのですけど、要は企業単位として存続していけるかどうかといのは非常に危ういなというような状況になってきた場合に、そういった新聞社でしか使えないような換金性の乏しい資産というのを資産計上していいのかどうかというのは会計的には問題がありまして。まあそういうことも含めて、産経・毎日というのは

非常に厳しい状況にあるのは間違いないと。だから一種のリストラ策ですよね。というのを共同通信の加盟という形で打ってきたと。

例えば産経新聞は、２００２年に夕刊を廃止してますよね。全国紙、五大紙の中で先駆けて夕刊を廃止している。そもそも新聞というのは、一日に二回出てますけど、即時性ではテレビとかネットには完全に負けているわけですよね。わざわざそこで夕刊を出す必要があるのかっていうふうなものも含めて考えられた結果だと思うんですけれども、新聞社ってのはストレートニュースと署名記事を書く記者が混在していて、その人達の財務的負担が厳しいって状況ははどこの社も一緒なんです。だから早晩、朝日とか日経も結構その辺を考えなければいけなくなってくるのかなと思うんですよね。今もう新聞社系の会社って、例えば系列の出版社なんかに派遣というか、配転で行った人達っていうのは一方通行だって言われますよね、本社に戻って来れないというふうにいわれるくらい、いま経営状態は厳しくなっていると。

もう一つはそこに絡む問題で、記者クラブの問題があるんです。要は本来は通信社に任せればよかった仕事を、なんで自社で抱えているかというと、ここはおそらく記者クラブという日本特有の制度が影響しているんではないかなと。簡単に解説しますと、民主党が鳩山総理も含めて、記者クラブを開放します、というふうに約束していたわけですよ。

もともと大日本帝国議会が出来た時に、どうもその記者クラブ制度というのができたらしい。その直後くらいですね。というのは、あのころって政権交代がよく起こっていて、与党と野党がころころ変わったらしいんですよね。たぶん、立憲政友会とかそのくらいの時代ですよ。自由党とか。その時代なんですけど、ころころ変わってたらしくて、そのたびに与党を応援していた新聞は野党に転落したら、今度は与党になったところが今まで野党のニュースを出してた新聞社をまったく入れないみたいなそういう状況があって、そんなのは困ると、報道の公平性を保てないっていうことで、新聞社がタッグを組んで記者クラブ制度を認めさせたということがあるんですけど、これ本当はね、日本が戦争に負けてGHQが入ってきたときに制度改革をしようとしたんですけど、改革しない方が上手くメディアとのスクラムを組んで、どっちかというと政策を運営しやすいってことに気づいて、その制度を温存しちゃったんです。だから日本だけずっと記者クラブ制度が残ってるんです。こんな制度は日本以外ないんです。

記者クラブに加盟してない、雑誌とかインターネットメディアとかは記者会見に入れないんです。これっていうのは、完全におかしな話なわけですよ。時の首相が言った言葉は、その記者クラブに加盟しているメディア経由でしか知ることができないんですよね。それ以外のメディアを締め出して、ある意味それを政府は利用しているし、記者クラブと癒着して利用して、記者クラブは記者クラブで独占禁止法違反のような状況に持っていってるんですよ。自分達の仲間しか入れないと、新規参入は認めませんということをやってるわけです。こういう状況のために、それを維持するために、新聞社ってのは本来ならば自分達の中に抱えるべきではないストレートニュースをただ流すだけの記者を抱えてしまってる構造になっているのかなと。それが今になって、このインターネットの時代になって、仇になってきているのかなって思うんですよね。その流れの中で、記者クラブは開放されようとしているわけです。未だにまあ官僚は官僚で抵抗している部分はあるんですけどね、首相とかね、政治家はやりたいと思ってると。解放したいと思っているけれども官僚が阻むし、でも一番そこに抵抗しているのは記者クラブに加盟しているメディア各社なんですよ。新聞社とかテレビ局が、一番抵抗しているんです。

これ面白い話があって、亀井さん、いろいろ毀誉褒貶《きよほうへん》ありますけど、記者クラブを開放したところだけは立派だと思うんですよね。記者クラブを開放して一番困ったのはどこかというと、通信社であったり新聞社が困ったんです。なぜかっていうと、金融庁から出るストレートニュースを、金融機関に売って生計を立てている通信社や新聞社があるんです。例えば日経だったら、日経クイックとか、時事通信も、もともと経済系のニュースが得意なんで、それを月額何十万円という契約で、金融機関と包括契約を結んで、記者クラブで会見が開かれた速報を流しているんです。

けれども、ここにネットの記者が入ってきたら、その場でTwitterとかブログにばっと書くじゃないですか。そしたらそっちの方が早いわけです。新聞社の記者とかメモとかとってるんですけど、ネット系の記者って当然ながらそのままパソコンでTwitterとかでつぶやいたりしているわけです。そっちのほうが早いじゃないですか。金融系の情報っていうのはものすごく速報が重要で、為替とかそれこそ亀井さんの発言一つで、あるいは日銀の総裁の発言一つで、ぐわっと動くわけです。そこで、鞘を取って儲けている業者っていっぱいいるんで、ずーっとそのニュースを見ているわけです。為替のディーラーとか株式のディーラーっていうのは、鞘取りで稼いでいますから、そのニュースがどれだけ早く正確に速報されるかっていうのが、彼らの生計を立てる部分なので、逆にいうと、それを利用して通信社・新聞社は稼いでいたんだけれども、それがもうできなくなったと。つまり、日本のそういった新聞社とネットのメディアの戦いというのはそういったところで始まっているし、あきらかにネットのメディアの方が質・量ともに、スピードもそうですけど圧倒しているというところですね。

逆に新聞社っていうのは、歴史的に、不正に独占をしようとしたツケをくらっている、というような状況で、まだまだ当分は体力のある会社っていうのは、いまの体制を維持していくとは思いますけど、やはりそのネット上の個人メディアっていうのは、ストレートニュースの分野でも入りこんでいって、そういったネット上で解説をして有料配信をするような個人の記者というのはだんだん台頭してきていると。雑誌はもう、非常に売れ行きも厳しい状態でどんどん廃刊が相次いでいますから、雑誌とかに書いていたような著名な評論家であったりとか、専門家の方々もどんどんネットに流れ込んでくるのかなと。これからほんと10年で大きくメディアの世界っていうのが、新旧交代が行なわれるんじゃないかなというふうに思いますね。

6章　まだまだ広がる、電子マネーの経済効果

電子マネーは支払いもポイントもオールインワン、お釣りなしで店のメリットも大

電子マネーはもう随分以前から話題にはなっていますけども、私も結構前からそういったＩＣカード型の電子マネーについては、色々研究も含めて自分で使ってみたりもしてるんですけれども、結構技術的には前からあるもので、日本と海外ではやっぱりその普及している規格っていうのが結構違っていて、日本だとソニーが開発したＦｅｌｉＣａっていう技術を使ったＩＣカード型の電子マネーが、今非常に普及してきているような状況ですね。

元々は一番最初に採用されたのが香港なんです。香港にオクトパスっていう電子マネーカードがあって、これは日本でいうとＳｕｉｃａみたいなもんなんですけれども、ネーミングがまたちょっと日本ぽくて、これはホントか嘘か分かんないんですけれども、あのオクトパ

スっていうのはそういった電車とか地下鉄みたいなものでも使えるし、ショッピングにも使えるし、それこそ競馬場の入場料払うのにも使えるぐらい香港では非常に普及しているもので、タコの足のように色んな用途に使えるっていうことで、オクトパスって名前になったって香港人は思ってるんですけど、あれは日本の技術が使われてるんで、地下鉄とかでこうパッと置いたらパス出来るってことでオクトパスにしたんじゃないかっていう。まあこれはちょっとホントか嘘か分かんないんですけど、そういうものが、結構10年ぐらい前から香港ではサービスがスタートしていて、日本でのサービスのスタートっていうのは更に遅れたんですけども、ここにきてコンビニエンスストアとか駅とか空港とか、そういった公共交通機関に隣接している店舗なんかでは、もうほとんど使えるようになっていて、私としては非常にここ2、3年で普及が急速に進んでるんではないかなというふうに思ってるんですね。

　電子マネーには大きく分けて二つの種類がありまして、プリペイド型の電子マネーとポストペイ型の電子マネーってのがあります。プリペイド型の電子マネーで有名なのは、Ｅｄｙとかｓｕｉｃａ、こういったものが非常に有名というか普及率が高いと。逆にこうポストペイ型の電子マネーで普及率が高いのは、例えば三井住友銀行グループがやってるＩＤであったりとか、ＪＣＢ系がやってるＱＵＩＣＰａｙであったりとか、こういったものが普及率が高いです。ポストペイ型の電子マネーってのは、要はマイクロペイメントのクレジットカードというような認識ですね。サインが不要でほんと少額の決済に使える、後払いの電子マネー。

ポストペイ型のいいところは、プリペイド型の電子マネーと違って、いちいちチャージをする必要がない。だからそういった事前手続きなしに使えるということで、利便性は非常に高いんですけれども、逆にこれは人によるんでしょうけれども使い過ぎが怖いと、そういったデメリットもある。逆にプリペイド型っていうのは、あらかじめお金をチャージしておかなければいけない。チャージっていうのは、例えばコンビニのＡＴＭみたいなもんでもできますし、あるいは携帯電話に付いてるＩＣカードを使った電子マネーであれば、ネット上でｉ-ｍｏｄｅみたいなサービスを使って、クレジットカード番号を入力してチャージをすることもできると。いずれにせよ、電子マネーのカードの中に保有できる金額ってのは、せいぜい２、３万円ぐらいということで、落としても最悪それが無くなるだけで大丈夫というような、安全性を図っているという部分でもありますね。

そういった電子マネーが普及してきてるんですけれども、その大きなメリットとしては、ポイントが貯まるカードがあるということ。それと例えばＳｕｉｃａの場合であれば、乗車券として使えるので切符を買う必要がないんですね。Ｓｕｉｃａは結構そういう意味では進んでいて、例えばエクスプレスＩＣサービスっていうＪＲ東海の新幹線予約のサービスに入会していると、新幹線の改札も全てＳｕｉｃａのカード一枚でできるということで、非常に利便性が高くなってます。なので、駅ナカとか、駅の周りのショップなんかでもＳｕｉｃａ使えますし、コンビニエンスストアでも結構Ｓｕｉｃａの普及率は非常に高くなっていると。

逆にＥｄｙなんかは、航空機系の例えば全日空なんかと提携してるんで、飛行機のマイルが貯まったりとかいうサービスもあって、実はＥｄｙっていうのは沖縄ですごく普及しているんですね。沖縄はほんとに自動車修理工場でも車検のときなんかにＥｄｙが使えるというぐらい、非常にＥｄｙが普及していってる。

これはなぜかというと、全日空のマイルが貯まるからなんですよ。沖縄の人っていうのは沖縄から外に行くとき必ず飛行機を使いますから、マイルが貯まるっていうのは非常にインセンティブが高くて、それでＥｄｙがものすごく普及しちゃったっていうところはありますよね。今ちょっと経営が苦しくなっているＪＡＬですけれども、沖縄でもそういった意味で結構苦戦していて、電子マネーを早く提携した全日空に一日の長があったということはいえるんではないかな、というふうに思っています。

もう一つ、私が電子マネーがいいなと思ったのは、これは使っている人はまだまだ少ないですけれども、携帯電話の中のおまとめ機能、例えばドコモだったらおサイフケータイといわれているように、ICチップの中に複数の電子マネーを入れることが可能になってるんですね。入れる数の上限ってのはあるんですけども、まあ2、3枚分だったら十分もちろん入りますし、私はそういう意味ではEdy、Suica、あるいはセブンイレブンのナナコとかiDとか、そういった複数の電子マネーを使えるようにしています。そうすれば携帯電話ひとつ持ち歩けば、複数の電子マネーのカードを持ち歩く必要がなくなるんですね。そういう意味では非常に使いやすい。またそのカードに入ってるお金の残額ですね、プリペイドされた残額もチェックすることが、アプリの上からできるようになっていますし、私は結構これから携帯電話に電子マネーを搭載する人が増えてくるんではないかなと思います。

電子マネーの機能っていうのはオールインワンでできるということだけではなくて、ICカード、FeliCaっていうソニーの技術なんですけれども、これっていうのは多分ポイントカードなんかにも使えますので、私としては早いことですね、いろんなお店が出しているような、例えばTポイントカードとかですねそういったものをですね、携帯電話のICチップの中にどんどん統合してくれないのかなあ、というようなところは非常に要望としてはあるんですけども、まあとにかくですね、その電子マネーの利用っていうのは、コンビニエンスストアなんかでも増えてきていると。

コンビニエンスストアで実は何がいいかっていうと、お釣りをもらうっていうのは結構手間なんですよね。レジでお会計をしてまあ袋の中に詰めたりもするんですけれども、レジを打ってお釣りの金額を出してお釣りを取って、渡すというところのワンステップっていうのが、電子マネーだとチャリンってやって終わりですから、そこの部分も効率化できると。そうすると、例えばお昼ご飯時なんかにコンビニに長蛇の列が出来てる時もですね、実は結構スムーズに会計が進むということで、私はもっと普及してもいいんではないかなというふうに思ってるんですけれども、まだまだコンビニのチェーン店が大規模に導入している以外でいうと、ほんとに小規模の店舗で、電子マネーが使えるって所が非常に少ないっていうのがちょっと気になるところではあるんですけれども。まあ現状はそういった状況になっていまして、で、電子マネーっていうのは今ちょうど普及途上にあるんではないかなと。

機能が携帯一つにおさまるようになれば、カード類で財布が分厚くなることもない

今後の流れなんですけれども、これからますます電子マネーの利用頻度が、上がってくるのではないかと思っています。最初はマイクロペイメントといわれる小銭の代わりに使うかたちの電子マネーなんですけれども、理想をいえばですね、そういったオンラインバンキングサービスなんかとうまく連携をとって、自動的にその残高がオンラインの銀行口座から引き落とされる、あるいは銀行の口座と連動したようなデビットカード的な感じのシステムでもいいんですけれども、こういったかたちになってくるのが理想かなと。

で、さらにいろんな会社がポイントサービスをやっていますけれども、このへんの相互乗り入れみたいなことがもっと連携が取れるようになってくれば、例えばインターネットでオンラインショッピングをして、そこで溜めたポイントがそのまま口座に加算されて、電子マネーとして使えるような、こういった流れになってくると、けっこう面白いんじゃないかなというふうに思っているんですけれども。

今後、電子マネーを普及させていく上では、いろんなユーザーさんに、そういったものを使ってもらうというところが、必要になってくるのではないかなというふうに思ってるんで

すね。Ｓｕｉｃａはそういう意味では乗車券の代わりになりますから、非常に利便性が高いということで、ＪＲで通勤されてる方、あるいは私鉄も首都圏だったらＰＡＳＭＯで統一されてますしね。まだ全国では、ＪＲでも、ＪＲ九州とか、ＪＲ西日本とかで、別々のカードになっていますけど。ＪＲ東日本がＳｕｉｃａ、ＪＲ西日本がＩＣＯＣＡ、ＪＲ九州はＳＵＧＯＣＡ、ＪＲ北海道は確かＫｉｔａｃａという、全部語呂合わせみたいな文化になっているんですけども、そちらのほうの連携っていうのが取れてない。例えばＳＵＧＯＣＡなんかは、確かＳｕｉｃａとの相互乗り入れっていうのはできてなかったと思うんですけれども。そういった相互運用性の向上っていうのは、まず一つの課題なのではないかなあというふうに思いますし、あと鉄道を利用してない方々、あるいはその航空機なんかを利用されないような方々っていうのは、最初の電子マネーを持つインセンティブっていうのが、なかなか発揮できないような状況にあるんではないかなあというふうに思いますね。だからそのへんが、一つはハードルになっていくのかなあと。こういったものを乗り越えるような何か、例えば電子マネーを使っているとお得なポイントが溜まるっていうのを、もっと世の中の人達にアピールしていければ結構面白いんではないかと。

そうすると、小銭の流通量がどんどん減っていくことになると。で小銭だと色々その事務的な手数料って、結構かかるらしいんですね。例えばコンビニエンスストアって、セブンイレブンがセブン銀行っていうのを始めましたけれども、あれって何のためにやってるかっていうと、お金の集金のためなんですよね。深夜のコンビニの店舗って強盗とかが入りやすくて、レジのお金が盗まれたりなんかするんですけれども、まあこれはお札の話なんですけれども、それを実はコンビニの人はＡＴＭの中にお金を預けてるんですね。半分はそのために、あれは作られたんじゃないかっていうふうにいわれてるんですけど。

もう一つは、そういった小銭の回収業務、あるいは小銭のデリバリー業務っていうのは、結構なコストがかかるんですね。なのでこういった例えば総合警備保障みたいなガードマンの会社が、集めた小銭を集中管理して持っていったりとかしているんですけれども、割とコストのかかる仕事ではあるということで、このへんが電子マネー化されれば、もちろんそういったレジ打ちなんかの時の効率化にも勿論なりますし、そういったデリバリーにかかるようなコストも軽減できるということで、経済効果が非常に大きいんではないかなあというふうに、私は電子マネーの場合は考えていると。

で、もう一つは、こういった携帯電話なんかへのおまとめ機能ですね。おまとめ、さっき私はポイントカードも統合したらどうかって話をしましたけれども、皆さんだいたいお財布の中はポイントカードとクレジットカードと銀行のカードとか免許証とか色んな物がうわーっと入っていますけれども、これがそのＩＣカードの中に入れば、全部実は一元管理できるんですね。

最近は公的な証明書、例えば運転免許証とか、あとパスポートとか、こういったものもだんだんＩＣ化されてきていて、実は携帯電話の中に全てそういったＩＣチップの情報っていうのが、入れられるようになってるんですね。このへんの統合化が進んでいけば財布の中がですね、クレジットカードとかそういったカード類でいっぱいになるってこともなくなりますし、小銭を使わなくてよくなれば、財布の中の小銭入れがガチャガチャいったりとかもなくなりますし、そういう意味でも電子マネー化の流れっていうのは非常に意義があることではないかと思います。

ただ国際的にいえば、日本で使われているソニーのＦｅｌｉＣａっていう技術は実は国際標準にはなりえてなくて、このへんはちょっと国際間のそういったシステムの流れ的にいうと、ちょっと先行きは不透明なのかなと思っています。で、Ｅｄｙも、実はそのＦｅｌｉＣａを開発したソニーが作った電子マネーの会社なんですね。ビットワレットっていう会社がやってるんです。やはりその流通系の例えば、セブン＆アイ・ホールディングスがやっているナナコとか、あるいは交通系の電子マネーといわれるＳｕｉｃａなんかに比べると、Ｅｄｙはいまいち最初の使わせるインセンティブっていうのがなかなか取れなくて、普及にもの時間がかかって赤字をすごく積み上げちゃったんですね。

元々その技術を開発したメーカーがやるサービスなので、そういう意味でも非常に普及に時間がかかってきたと。やっと最近よくなってきたんですけども、こちらがですねオンライン商店街を運営する楽天に、つい先日買収されることが決まったんですね。でも、この連携っていうのは非常に私は意味を持っていると思っていて、楽天っていうのは最近イーバンクっていう銀行、オンラインネットバンクっていうのも買収いたしました。で、日本で法律が変わりましてですね、送金業務が銀行免許を持ってなくてもできるようになったんですね。

これは何を意味するかっていうと、オンラインでのそういった決済業務っていうのがこれまで例えば、クレジットカードとか電子マネーとか使って決済するぶんにはいいんですけれども、銀行振り込みっていうのは銀行間でしかできなかったんですね。これからそういったライセンスさえ取れば銀行業のような厳しい規制下ではなくて、一般企業がふつうに送金業務をできるようになるんですね。

で、この流れと非常にマッチをしてるんではないかというふうに思っていまして、例えば楽天のポイントっていうのは今、貯めたら楽天の店舗、加盟店の中でしか使えないんですけれども、例えばアフィリエイトで報酬を得て楽天ポイントにしかならなかったのが、イーバンクの口座に現金として振込まれるようなシステムに今度から変わるんですね。

であったりとか、楽天で貯めたポイントが今まではオンラインでしか使えなかったのが、例えばＥｄｙと連携してＥｄｙの加盟店でＥｄｙポイントとして使えるようになるという可能性が非常に高いと思うんですね。そうすると、オンラインとリアル店舗のうまい連携がこれからできてくるんではないかなあと思っていまして、この辺がもしかすると電子マネーとオンライン店舗のうまいつながりになりつつ、電子マネー普及も後押ししてくるんではないかという意味でここ一、二年が電子マネーの普及にとっては非常に正念場になってくると。

消費者が賢く動けば、そういったポイントを貯めたりとかね、割引サービスを受けたりってことは逆にやりやすくなりますから。まあそういう意味ではいい流れではないかなと思います。たぶん、地方に住んでる方はね、まだまだ普及が遅いかもしれないですけれども、そのうち必要に迫られて電子マネーを使うようになるんではないかと思っています。

7章　事業仕分け・科学技術振興予算は国民を幸せにするか

事業仕分けを見て思った。結構大盤振る舞いだなあと……

政府の事業仕分けの問題ですが、二転三転していますよね。元々あれは私も分からないところがたくさんあるんですけれど、そもそも全部の予算案が出てきて、それを全て仕分けする、という話ではなくて、本当に一部しか出て来てない、ていうところが、まず一つは問題だと思うんです。あの作業自体、実は大蔵省の主計官が、今は財務省ですが、昔は毎年やってた作業っていうのを公開でやってみたと、そうしたら意外と受けたという話なんです。

あれを見ていて思ったのは、スーパーコンピュータ云々の前に、結構大盤振る舞いになっているな、という気がすごくしていて。そもそも政府がやるべき仕事なのか、というような仕事まで、政府がお金を出してやっているというのが見えてきた。お金をもらっている側は、麻痺しているのか何なのか、わからないですけれども、私もずーっとね、10年以上会社を経営してきて思うんですけど、そもそも政府の予算をもらって仕事をしたことがほとんど無いもんですから、今までやった仕事のたぶん0・01%も政府から仕事をもらっていないと、あまりそういった恩恵を被れていない私からすると、そういう所にまず行くっていう発想があまり浮かばないということで、何でそんな物にぶらさがっている人がそんだけいるんだろうな、というのが、まず一つは疑問に思えると。

見てると政府がやるべき仕事じゃない仕事も結構含まれている、と。これ本気で仕分けしたら、大変な数の事業が潰れるし、それに関わっている公務員も必要なくなるのかな、天下りの財団法人とかそういったものも全部いらなくなるのかな、というふうに思ったんですよね。

私は、こういうグローバル経済の世の中で、いわゆるケインズ的なばらまきというか、政府が財政出動をして景気を下支えするという理論っていうのは、本当に成り立つのかなと、まさに砂漠に水を撒くような話になっていってないのかな、というふうにちょっと思ってしまうところがあって、いわゆるスパコンの問題っていうのは、その観点からもちょっと考え直さなきゃいけない問題なのかな、と思ったんですよね。

グローバル経済化する前の状況であれば、一国内である程度の経済が閉じて回っていますから、政府が財政出動をして経済が、景気がよくなるということも十分あったわけですけど、今やお金の流れっていうのは完全に国際化していて、世界中で裁定取引といって、要は一物一価に近づいていっているというところがあって、それは労働力とかも例外ではなくて、例えば中国とかインドみたいな所の人達が一生懸命働くもんだから、日本は逆にいうと職が無くなって、偽装請負とか派遣労働者の問題が出てくるっていうのは、実はこれは景気が悪いからではなくて、グローバル経済の発展っていうのがすごく激しいから、っていうところがあるわけですよ。

物づくりっていうのは、誰でも出来るような製造過程っていうのは、できるだけ安い所でやったほうがいいに決まっているわけで、当然日本なんかでやっても、自動車の組み立てとかね、日本ではやるべきではないですよね、家電とか。当然そういうものは世界中に流れていってて、日本ではそういった職は無くなっていると。でも日本でも雇用対策をしなきゃいけないから、仕方なく政府は派遣労働者を簡単に雇えるような製造業の派遣の解禁をやるわけですけど、そうすると給料が下がり過ぎてて、みたいな文句が出ると、やっぱり派遣労働者はやめだ、て話になったら、これはもう本当に海外に行くだけです。

日本で仕事が無くなると、日本がどんどん空洞化していくという話になるんですけれど、それは政府がやっている事業も同じで、日本政府っていうのは日本の企業のために、日本の景気を良くするためにやるんだけれども、例えばじゃぁスーパーコンピュータで世界一のスパコンを作ったところで、この国際競争に勝てませんよ、っていったら、そりゃいくら金かけたって何の意味も無い、という状況になりつつあると。

例えばその日本のスパコンの話って、いろんな問題が絡んでいて、一言ではなかなか言いつくせない部分があるんですけど、スパコンっていうのは今、日本のシェアって数パーセントなんですよね。それもほとんどが日本政府とか日本の会社が買って、数パーセントのシェアを維持しているに過ぎなくて、今、ほとんどのスパコンのシェアってのはアメリカの企業が持っているんです。クレイとかがそういったものを持っているんですけれども、しかも、いわゆるコンピュータの、スパコンの設計の仕方でね、ベクター型とスカラー型という設計があって、要はそのベクター型の設計っていうのは一つのチップの中で複雑な科学計算の式なんかに特化した計算が出来るようなチップを作ってしまいましょう、というものなんです。

要はハードウェアの中でそういった複雑な計算式ってのを実現してしまおうってのがベクター型の発想で、スカラー型のコンピュータってのはその計算能力には劣るんだけれども、汎用的な、例えばパソコンに使われているようなCPUを使ったパソコンを、並列に山ほど並べて、それでソフトウェアの方で複雑な計算式をサポートできるようにしようってのがスカラー型の考え方で、今はスカラー型の方が主流なんです。

何でそれが主流になったかって言うと、例えばそのCPU、もっというと、それには実は日本の科学技術というか、日本のそういった情報機器メーカーの、またその地位が低下していることと実は無縁ではないんですけども、今世界一のCPUメーカーってインテルなわけですよ。2位はAMDなわけですよ。これは全部パソコン用のCPUに特化した会社で、他の余計なことをほとんどやっていない。要はそこに特化して、高性能なCPUを安くどうやったら出せるかってことばっかり、ずっと考えてきたやってきたわけですよ。

そうしたらそこそこ性能のいいCPUが格安で出来ちゃったもんだから、スパコンをやってた人達は「これ並べればいいんじゃねーか」ということで、並べて作っちゃったのがスカラー型ということです。

逆に、これ面白い話なんですけど、ソニーがプレステ3用に作った「セル」っていうCPUを、例えばアメリカの空軍が、2500台かな、発注して、スーパーコンピュータを作ったという面白い話があったりして、そういったスカラー型のコンピュータっていうのが世の中の主流であるのは、CPUが安くなったことと無縁ではないわけですよ。

更にもう一つは、DRAMに関しても、台湾とか韓国のメーカーで、サムスンとかそういったところが大きくなってきて、日本企業はどんどん地位が低下していって、最後は台湾のメーカーと合弁をやるか、みたいな話になっているわけです。というのはやっぱり特化してこなかったから、っていうのが非常に大きいんですよ。要は、サムスンとかもそうなんですけど、DRAMだったらDRAMにとにかく金かけて、安くて性能のいい物をたくさん世界に供給するってことを考えてやっていたわけですけど、日本のメーカーってのはいろんなことに手を出し過ぎて、そこそこしかお金もかけてないし、技術者もそこそこの人しかいないから、もちろん皆優秀なんですけれども、世界で競争していくにはなかなか難しいプロダクトしか作れなかったんですよ。

例えば液晶パネルだってそうですよ。世界一の液晶パネルの生産メーカーってのはサムスンなわけですよ。だけれども液晶の技術力だったら最初の頃はシャープとかね、結構良かったわけです。だけれどもやっぱり金のかけかたが中途半端で、世界市場を席捲するには到らなかったわけですよ。自社製の液晶パネルは自社のテレビにしか使わせないとかね、サムスンはそういうことといわず、液晶パネルはとにかく出すようにと、どんどんいろんなテレビに組み込んでくれ、って戦略でやっていたわけですよ。

他のメーカーもそうですよ。他のプロダクトもね。ＤＲＡＭとかＣＰＵも同じことですよ。そういうので、日本の会社っていうのは、割と特化した戦略っていうのをやらないようになっていると。これだったらこれに力を入れましょうね、っていうよりは、いろんなことやっちゃいましょうね、っていうことになってしまって、競争力を実は失って来てる。

でもそれは日本にある程度内需があって、日本企業や日本市場向けだけに出してれば、それなりに売上が立ってしまうってのも一つの問題点なんですよ。例えば携帯電話でもガラパゴス化が激しいみたいな話が有るんですけど、日本企業の作った携帯電話ってものすごく機能が高くて、日本市場の中で10社くらいが競合して、携帯電話を作りあってたわけですよね。そうこうしているうちに低機能で安いＬＧとかＮＯＫＩＡとかの携帯電話が世界中で売れているわけですよ。日本の携帯電話って、それまたごまかしで売っていたんですよね。月額料金に上乗せするって形でじゃあ3年契約縛りで、月額じゃ余計に５００円払うとか千円払うとかっていって携帯電話を無理やり売っていたわけですよ。

だから日本人は携帯電話はタダだと思っているけど、実は普通に売ったら10万円ぐらいするんですよ。５万円とか10万円とか平気でしちゃう物をタダでもらっていたから皆使っていたわけですけど、そのツケが今来てると。

日本の携帯って機能が良すぎて10万円とか5万円しちゃうんですけど、インドとか中国の人とか買えないじゃないですか、そんなの。彼らは、5千円とか1万円切るような値段じゃないと携帯電話を買えないわけです。そういった層にターゲットも絞って、機能も限定して安い携帯電話をNOKIAやLGとかが作って売ってるわけです。あるいは中国のメーカーなども、そういうのを作って売っているわけですから、そりゃ当然競争に勝てないですよね。

スパコンも同じで、要は未来の技術をどうのこうのって話はあるのかもしれないけども、結局は最終的には日本国の競争力の維持っていうのは、政府が財政支出をする意味では、そこは一番重要なわけじゃないですか。

日本人の税金ですから、日本人が幸せになるために、豊かになるために使われるのが当たり前であって、夢的なものに使われるようなお金ではないわけですよね。本来ならば。

でもそこに200億、300億っていったら大金ですよ。みんなは例えばね200億円のお金をかけるんだったら、一国民当たり200円払っているっていうことですよ。あのスーパーコンピュータに200円払う価値があるかっていうと、私は無いと思うんですよ。一人ひとりが。そういうものがまかり通っているっていうんですかね、そういうところに非常に問題があるな、というふうに思っているんですよね。

企業が研究分野に寄付できるよう、税制を変えればいいわけで……

それ以外にも、例えば国税庁の各税務署間を繋ぐＫＳＫというシステムがあるんですけど、これも今まで累計うん千億かかっているんですよね。それは今回の事業仕分けで、一部改修予算が削られることになりました。今まではクローズドシステムを作ったんですけれども、それをオープン化する予算てのは削られたりしてたんですけど、それはもうインターネットとか、そういうものがない10年以上前に作られたシステムで、まだ導入してない税務署もたくさんあって、電子納税に対応してやれるシステムなんですけれども、ちょっともう古いわけですよね。

こういうドッグイヤーのインターネット、ＩＴの時代にはもう全然使い物にならないような古いシステムなんですけれども、それを後生大事に使って、そのメンテナンス、あるいは改修をする費用に何十億って使っていると。そういう状況があるわけです。

これ、今からスクラッチでゼロから作ったら、１００億いかない金額、数十億以下で出来るようなシステムですよ。インターネットを使えば通信回線の費用なんかいらないし、パソコンだってネットブックとかでいいわけですから。ネットブックなんか携帯電話の契約したらタダでもらえますからね。

それぐらい各情報機器とかインフラコストとか安くなっているにもかかわらず、古臭いシステムを維持するためにそういったお金が使われるってこともすごく問題なのかなと。そもそも技術的に費用対効果が低いようなものに対してものすごくお金が使われているっていうところは、国の事業ってのは非常に非効率になりがちなんですよね。そこはもう基本的な問題なんですよ。何でそうなっちゃうかというと、公務員っていうのは、業績をいっくら上げようが、給料がそんな上がんないんですよね。そこが私はすごく問題だと思うんですよ。最終的に出世して、偉いポストに就いて、天下とってやっと辻褄が合う、っていうか、採算が合う仕事だと私は思っていて、例えば内閣総理大臣の給料だって4千万ぐらいですよ。一国の全ての責任を負う内閣総理大臣が4千万っていったらね、こりゃもうそこそこ小銭稼いでいる中小企業の社長レベルですよ。社長っていうかオーナー社長、よりも給料低いわけですよ。

そんなんでモチベーションが上がるかっていったら、当然上がらないわけですよ。もうなんか国のために頑張って、みたいな感じで、名誉と責任感だけでやっているわけですけれども、要は総理大臣がそれなんだから、当然その部下の行政官の人達ってのはみんなそれ以上に当然上がるわけがないですよね。そうすると、いっくら頑張ったってまあそんな大して給料も変わんねえし、と、ポストもこれからどんどんどんどん少なくなっていくし、ってことで、やっぱりモチベーションが下がるんですね。

で、あとは所詮他人の金じゃないですか。国民から集めた金なんですけれども要は他人の金なんで、他人の金ってあんまりコスト気にせず使っちゃうでしょう。国の事業でやるべきところっていうのは本当に必要最小限の、外交、防衛と、所得の再配分ですかね。あんまり不公平にならないような所得の再配分機能以外は、私は全部民間に任せても大丈夫なのかな、というふうに考えているんですね。

今回のスパコンの事業仕訳で廃止っていうのが一旦決まったわけですけども、その時にノーベル賞の科学者の人達がいっぱい出て来て、日本の科学技術の発展を阻害する、云々というふうに言わせていましたけど、ある意味、それは官僚が自分たちの権益を確保するために仕込んでいる部分、あるいは吹き込んでいる部分もあったと思うし、彼ら自身いくらすごく偉い科学者の人達にしたって、結局その研究費を自分で稼ぐって発想はなくて、人からもらうものだと思いこんでしまっているっていうところも、私は大きな問題なのかなと思う。

自分がやりたい研究をスポンサードしてくれる人達に対しては、やはりそれなりの説明責任っていうのが当然生じると私は思うし、科学者で俺は偉いんだからと、俺は優秀なんだからいくらでも金出すのが当然だというふうに思ってること自体はそれは間違いかなと。

そうではなくて、ちゃんと自分でプレゼンテーションをして、国民にも認められて、要は科学技術なんてのはわかりにくいから、みんなわかってくれないんじゃないかなんて言ってますけれども、私はそんなことはないと思うんですよね。やっぱりちゃんとした説明ができればお金は付く場合は付くだろうし、というふうに思ってます。

あともう一つ大事なところは、やっぱり今までは箱物の行政にものすごく偏ってたな、と。全国いろんな所に行っても、同じような博物館みたいな物とか、体育館とか陸上競技場とか、そういう物がいっぱい建っていますけれども、すごく無駄な部分も多いです。例えば毛利元宇宙飛行士が、国立科学館だかなんだかの予算減らすな、未来の科学者を目指すような子どもたちの夢を摘むのか、みたいな話をしていましたけど、私はそういった部分もソフトの時代だと思っているんですよね。もちろん実際に物に触れなければわからないこともあるけれども、じゃあそのために箱物が必要なのかどうかってのはまた別問題だと思うんですよね。

そうではなくて実際にそういった技術を開発している企業を社会科見学とかで訪問したりするようなた機会をたくさん作ってみるとか、そういったことも企業の協力でタダで出来るわけですよ。

あるいは昔、「科学と学習」というような本がありましたけど、そういったものを見て、実際に科学の道、科学者の道、技術者の道を目指した人達もたくさんいるわけです。あるいはそういったイベントを、最近の技術系のイベントだと、「Make: Tokyo Meeting」というイベントとかやったりしていますけれども、そういった箱物がいらないようなイベント、あるいはそういった機会、体験、勉強みたいなものができるような環境作りを、お金をかけずにできることっていっぱいありますから、やっていった方がいいのかなと。

まだまだ事業仕分けには課題が残っていて、もっともっとコストってのは削減できると思うし、グローバル経済時代に十分歯が立つような国作りみたいなものをしていくためには、今までのようなケインズ的なばら撒きではダメだろうな、というふうには思いますね。

科学技術の基礎研究のような分野に関しても、これから企業の税制を変えていくとですね、法人税制、あるいは所得税制を変えていくと、例えば納税額の一部を寄付すれば、その部分の納税は免除されると。納税額から、じゃあ10万円納税するんだったら3万円分は自分が好きなところに寄付していいよと、それは非課税ですよってすれば、簡単にお金は集まると思いますけどね。それは税制を変えるだけですよ。税制を変えて、各個人が納得いける分野に対して、投資をする感覚でやっていくと、そうすれば自分のお金が払われているっていう認識もありますから、よりそういった事業に対する監視も広まりますし、無駄なことにお金が使われるってことも無くなると思うんですよ。国民から直接もらっているというような認識がありますから、当然そういった人達は説明をしますし、透明性も上がると思うし、官僚が予算を好き勝手するようなことはなくなるかなと。そうすれば成果が見えにくい、本当にすぐには成果が出ないような基礎研究分野に関してもお金が回っていく状況ってのは、今より良くなるかな、というふうに思っていますね。

それ以外にも実は研究機関とか大学が、そこから出た応用研究で、マネタイズされた事業から収益が入るようにする、例えば株式の売却益とか、そういったものが研究機関とか大学に還流するエコシステムを作っていかなきゃいけないのかなと。例えばアメリカのシリコンバレーとかでは確立されていると。例えばスタンフォード大学を卒業した二人の技術者が作ったGoogleという会社が上場して、そこにはスタンフォード財団も当然出資をしていて、その株式の売却益がまたスタンフォード財団に戻ってきて、それが基礎研究とかのシードマネーとして使われるようなシステムが出来上がっているんですけれど、日本はそういった大学発の事業、研究機関発の事業ってのを、マネタイズする文化っていうのがないんですね。

でも、実は戦前の理化学研究所っていうのは、そういうことをやっていたんですね。理研産業団ってのを作って、そこから出来た、例えばビタミン剤の事業とかそういったものを、スピンアウトして、そこから得た収益、特許料とかをまた理研に戻して、基礎研究とかのシードマネーとして使っていたというのがあったので、日本でできない話ではないと思うんですよ。できるだけ、そういった民間で政府の介入なしに出来るような制度作りに力を入れてほしいですね。

8章　iPhoneがライフスタイルを変えそうな予感

iPhoneは高度なことをやっているわけじゃなくて、見せ方の勝利なんですよね

私は、昨年にiPhone 3GSという新しい機種が出て、ハードディスクの容量も増え、いろんな機能が追加されたっていうタイミングで購入して使っているんですけども、日本のiPhoneはソフトバンクがオフィシャルのキャリアとして登録されていて、ふつうに使っていたらソフトバンクの電波しか使えないんですけれども、その辺がやっぱり三番手のキャリアということで、基地局の設備もドコモやauに比べると貧弱でつながりにくいところは、特に田舎とか地方に行った時にあるんですけれども、そういうことを除けば、それなりに使い勝手は良くなっているなあ、という印象を受けました。

iPhoneがやってることっていうのは、実はそんなに高度なことをやってるわけでは

なくて、日本に昔からある携帯電話の機能に比べるとむしろ貧弱な部分ってのは多いんですね。例えばおサイフケータイなんかは使えませんし、日本では当たり前のモバイルＳｕｉｃａなんかも使えませんし、その辺が非常に利便性が乏しいです。またそういった通信機能もBluetoothは搭載してますけども、赤外線通信はできなかったりとか……。日本だと赤外線通信とか、ＩＣカードを使った通信なんてのは、割と当たり前に電話番号の交換なんかで使ったりするんですけれども、そういう機能もなかったり、あるいはワンセグのようなテレビを見る機能がなかったりとか、割と日本で普通に使われているような機能は不足していますす。インターネットの接続機能なんかもふつうにi-ｍｏｄｅとかと特に変わらない。貧弱なところは多々あります。

ただ、ハードディスクを積んでいるってことで、メモリの容量自体は非常に大きい。この辺は結構思い切ったというか、さすがコンピュータメーカーのアップルさんが作られているなというところはあったんですけど、そもそもこれはｉＰｏｄの時からそうなんですけど、ｉＰｏｄの一番すごかった点は何かっていうとハードディスクを音楽プレーヤーの中にいれたってことですよね。つまりハードディスクを持ち歩く、ということをやってしまったというところが実はｉＰｏｄの一番大きかったところなんですよね。

これまでの携帯音楽プレーヤーってのはICチップを入れてたんで、ICメモリを入れてたわけですよね。それだと音楽のような大容量なコンテンツっていうのはたくさん入れることができないんですね。それに、半導体メモリっていうのは値段も非常に高いので、ハードディスクと比べものにならないくらい値段が高いんですね。ということで音楽プレーヤーでたくさん曲が入るものはなかったんですけど、iPodはそこの概念をがらりと変えてしまって、1000曲以上入るということで、大ヒットしたという経緯があります。

ハードディスクを持ち歩くという発想はノートパソコンとか作っているコンピュータメーカーでしかあり得ない発想で、ハードディスクって構造が分かっていれば、非常に壊れやすく、衝撃にも弱いということで持ち歩くなんてもってのほかだっていうような感じだったんですけれども、iPodでその概念を大きく変えてしまったというところがあります。iPhoneはそういう意味で容量が非常に大きくて、ビデオもたくさん入りますし、日本の、例えばドコモの携帯電話なんかを使っていると電話番号帳のメモリは1000件以上入らなかったりとか、音楽もダウンロードした曲がたくさん入るわけではないので、外部のSDカードを使ってそこに放り込むなんて話になるわけですけれども、そういうのがiPhoneの場合はいくらでも入るということで非常にその辺は利便性が高いと。技術的には別に大したことないんですね。

あとｉＰｈｏｎｅの特徴ってのは何かっていうと画面が多少大きいと。でもここも実は結構大きなポイントでして、多少大きいだけでｉＰｈｏｎｅ上で動くアプリケーションソフトウェアの自由度が上がるし、使いやすさが向上するんですね。で、もちろん一番のフィーチャーってのはタッチパネル。しかもシングルタッチではなくマルチタッチのポインティングデバイスを装備したってところが一つのアイディアなんですよね。そこが、技術的には普通に今まであるものを使いつつ、一つちょっとしたアイディアを盛り込むことによって、非常に端末をエキサイティングで面白いものにしてしまったというところはｉＰｈｏｎｅ、まあ特にアップル社のＣＥＯのスティーブ・ジョブズのセンスのたまものなのかなと。

よく一般の人達で誤解される人たちが多いんですけども、ｉＰｈｏｎｅって技術的に優れていると思ってる人が多い。けれども、技術的にはあきらかに日本の携帯電話のほうが優れています。ただ見せ方ですね。同じ端末なんだけれども見せ方が違うんですよね。それとｉＰｈｏｎｅは、こういうとまた驚かれるかもしれないんですけども安いんですよね。端末の価格って、せいぜい2、3万円ぐらいなんですけれども、日本の携帯電話って実は10万円近くするんですよ。でもなんでみんな10万円近くすると思っていないかというと、それは携帯電話の料金の中に含まれているからなんですね。日本の携帯電話の売り方ってのはキャリア主導なんですが、他国では違っていて、携帯キャリアとは別にメーカーが直接売るんですけれども、日本の場合ではドコモの携帯でも、ＰとかＮとかっていってメーカー名があんまり前面に出てこない。要は、キャリアのブランドで売っているからなんですけれども、通信料と抱き合わせで割賦販売をしているようなもので、そういう売り方をしているがゆえに値段が高いことを気づかせてないんですね。ただそれは実は我々消費者がお金を払ってると。そういう意味でもｉＰｈｏｎｅってのはあんまり高度な技術を使わず汎用的な部品を使って作られていますので、値段がやっぱり比較的安いところは挙げられるんではないかなと思います。

日本の携帯電話は高機能でも、なかなか世界に出ていけないのは、こんな理由

もうひとつ大きな戦略っていうのはアプリケーションの開発のところにポイントが隠されていまして、これはちょっと専門的、技術的な話になるんですけれども、ｉＰｈｏｎｅのアプリケーション開発もそうだし、マッキントッシュのMacOSのアプリケーション開発もそ

うなんですけども、Objective-Cっていうプログラミング言語が使われています。もともとスティーブ・ジョブズが一回、実はアップル社を去ってるんですね。彼はアップル社の創業者なんですけれども、一時期アップル社を追い出されていて、その後の話で有名なのはネクストコンピュータって会社を作ったのと、もう一つはピクサーっていう会社を作ったんですけども、ピクサーはまあご存知な方も多いと思いますけど、「ファインディング・ニモ」とかＣＧ界のパイオニア的企業ですね。こういった会社を作ったのもスティーブ・ジョブズだし、同じ時期にネクストコンピュータっていう会社も作りました。文字どおり彼はマッキントッシュを世の中に送り出したんですけれども、当時のパソコンっていうのはコマンドラインで文字だけしか表示されなかったのを、全く概念を変えてグラフィカルユーザーインターフェースっていう、今のパソコンってみんなそうですけど、マウスを使って、ウィンドウシステムがあってと。当時は全然当たり前じゃなくて、非常に斬新だったわけで、それを初めて普通の人達でも買える価格で出したのがアップルだったんです。

さらにその先を行くことをネクストコンピュータでは考えていて、これも今では当たり前になってるんですけれども、昔のパソコンで文字を表示させるとおそらくぎざぎざのドットみたいな感じの文字だったと思うんですけれども、今のパソコンを見たら非常にきれいなプロポーショナルフォントでアウトラインフォントといわれる活字みたいな字で表示されてますよね。こういうアウトラインフォントを使ったような画面表示システムを世界でコンシューマー向けのパソコンで初めてやったのがネクストコンピュータだったんですね。

　でももう15年以上前の話ですから、当時のパソコンっていうのはそんなに処理能力が高くなかったので、非常に動作が重くて使い勝手が悪いパソコンだったんですが、実はそのあとまたスティーブ・ジョブズがアップルに復帰して、その時に一緒に彼はネクストコンピュータも持っていったんですね。そのネクストコンピュータで開発に使われていた言語がObjective-Cという、非常にパフォーマンスが高い言語でして、プログラミングをやった方だったらわかると思うんですけれども、そういったC＋＋とかObjective-Cのような言語っていうのはコンピュータの基本というかベーシックな部分に非常に近いところでプログラミングをするので、簡単にいうとアプリケーションが非常に貧弱な環境でも早く、きびきび動き、必要とされるメモリも少ない。こういったスマートフォンといわれるようなデバイスの中に入ってるCPUってのは、パソコンなんかのCPUに比べると非常にパフォーマンスが悪いんですよね。小型のものなので、メモリも十分積んでませんし。そういうところで使われる言語としては、基本の部分に近い言語のほうがいいんですね。そのほうがコンパクトでいいプログラムが作れるんです。そういう意味ではObjective-CをiPhoneに採用したってのは非常にいい判断なんですね、技術的な話になりますけど。

例えばi-modeのiアプリっていうのはJavaって言語で書かれてるんですね。Javaっていう言語は非常に抽象化されてる言語というか、どんな環境でもJavaのアプリを走らせる環境っていうのがあるっていうくらいに普及しているんですけれども、欠点としては非常に重たいんですね。JavaのバーチャルマシンといわれるQ実行環境の上で動くので、そのJavaのバーチャルマシンが動いていればどんなパソコンでも、例えばMacだろうがWindowsだろうが、それこそi-modeだろうがアプリが動く、というのがJavaの特徴なんですけれども、そのバーチャルマシン自体が色んな環境で動かせるように高度に抽象化されてますんで、その分重たくなるんですよ。だからiアプリよりも実はObjective-Cを使ってるiPhoneのほうが非常にパフォーマンスが高いプログラムが多いんですよね。これは技術者の方じゃないとあんまり気づかないことなんですけれども、そういう意味でもいろんな工夫、細かい工夫がされていて、日本のそういった携帯電話のアプリなんかに比べると非常にパフォーマンスも高いし、いい開発者が増えてきているっていう状況にあります。そういったアプリの開発者に対する支援体制っていうのも非常にパソコン的と言いますか、よくできてまして、登録料さえ払えば誰でも簡単にアプリを作ることができるんですね。作ることができたアプリを一旦アップルが審査をするんですけれども、それも非常にオープンな体制の中で審査をしてると。

逆に日本のi-modeなんかのコンテンツを作っているような所ってのは入口の審査は非常に厳しいんですね。コンテンツプロバイダになるためにハードルが非常に高いんです。そこが非常にオープンでしかも世界中の開発者が参加しているという意味でiPhoneってのは開発者の確保という意味でもワールドワイドでオープンにやってるということで、いいアプリケーションソフトウェアが集まりやすいという環境にもあるんじゃないかなと思っています。

なんといってもルック・アンド・フィールっていうんですけれども、使い勝手に私は尽きると思っています。すべてワンクリックでアプリケーションソフトウェアも探し出すことができるし、App Storeといわれるアプリケーションのダウンロードサービスは一元管理されていて、そこで決済をやってくれるし、有料のアプリケーションソフトウェアが100円、200円ってかたちでばんばん売れているんですね。そこで検索キーワード一発で欲しいアプリケーションソフトウェアが手に入りますし、まあそういう意味でもApp Storeのシステムってのは非常に優れてるのかなというふうに思います。

でまあこれからですね、ｉＰｈｏｎｅのライバルが結構出てくるんじゃないかなというふうに言われています。一番最右翼にいるのがＧｏｏｇｌｅが出してるAndroidという携帯電話アプリケーション開発向けのプラットフォームなんですけれども、こちらは色んな携帯電話メーカーにオープンソースで提供されていてたくさんの携帯電話メーカーが参入を決意されてます。まあAndroid以外にもあるんですけれども、一番有力なのはAndroidだといわれていて、Android対応してる携帯も結構出てきてるんですけれども、やはり私はアップルに一日の長があるなと思ったのは、ｉＰｏｄがやっぱり普及した時もソニーをはじめとしたいろんなメーカーさんがこぞってｉＰｏｄのような端末を出したんですけれども、どうしても他社が追いつけなかったってのは、サードパティーの周辺機器が非常に普及してきたとこなんですね。

例えば車載用のアダプタなんかも多くのメーカーさんがｉＰｏｄ専用のものを作ってしまっていると。あるいは専用のスピーカーであったりとかキャリングケースに至るまでいろんな会社が群がってきていろんな便利なプロダクトを作っていってるんですね。その辺がやはり強いところかなと。まあハードウェアまで一体で作ってるのもアップルの強みだし、そこを徹底的に追及して使いやすくてかっこいいものを作ろうとしてるアプローチってのは大きいのかなと。そういったところでGoogleといえどもですねアップルにその分野で太刀打ちするのはなかなか難しいんではないかなというふうに感じています。

さらにですねもう一つ、iPhoneの話からちょっとだけずれるんですけれども、アップルは実はiPadというタブレット端末って言われるものを発売しました。また、こちらのほうはこれもあまりまだ日本ではなじみないかもしれないですけれども、アマゾンというまあオンラインブックストアですけれどもこちらが出してるキンドルという、電子書籍リーダーっていうのが今アメリカで爆発的に普及しつつあるんですね。日本でもキンドル買えるようになりましたけれども、まだ日本語の書籍は読めません。

これがですね、ほんとに100冊、200冊もの本がキンドルという電子ブックリーダーに入ると。この電子ブックリーダー、色んな特徴がありまして、まずワイヤレスの携帯電話のネットワークにタダで加入してあって、どこにいても、クリック一発でクレジットカード番号を入れれば書籍を購入してダウンロードできる。通話料無料であるというのがまず一つの特徴ですし、もうひとつはイーインクっていう電子ペーパーの技術を使っていまして、まあ簡単に言うと電源を切っても読めるんですね。例えば飛行機の離陸中のときなど、そういった電子機器の電源を切っている状況でも使えると、そして見た目も非常に紙の文字に近いというふうな特徴があります。これが今すごい市場を席捲しつつあるんですけれども、アップルがこちらに対抗する端末、ｉＰａｄを出しました。この辺はｉＰｈｏｎｅとの兼ね合いというのも出てくると思うんですけれどもアップルらしい非常に面白い電子端末になっていると思います。

これからこういったスマートフォンやタブレット端末の市場は私はどんどん普及してくると思っています。これはもう日本の携帯電話メーカーも、かなり苦しい状況に追い込まれていくのではないかなと。そもそも彼らは日本向けにしか携帯電話を作っていませんし、ｉＰｈｏｎｅも最初は日本でも伸び悩んで、私も使い始めたのは遅かったんですけれども、だんだん口コミで良さが広まってきていまして、これがさらに普及するのは時間の問題かなというような状況になってきていると思います。

ｉＰｈｏｎｅのすごさは技術よりコンセプトで、使い勝手を重視して開発環境なんかも非常にオープンで、そういうところは日本のメーカーももっと学ばなければいけない。製造業の分野ではですね、なかなかうまいことやったんですけれども、今のままではこういったＩＴがからむような機器のビジネスではなかなか世界に出ていけてないというふうに思いますね。まあその辺は頑張ってほしいなというふうに思います。

9章　合法カジノは日本の重要な収入源になる

賭博が禁止されているのに、パチンコが合法って憲法9条みたいなもん

亀井大臣が「沖縄にカジノを作ったらどうか」と言って物議をかもしました。彼が言ったこと自体がどういう意味を持つかというと、多分パフォーマンスで言っているだけだと思いますが、日本にカジノを作る構想自体は10年くらい前からあります。主要国でカジノが無い国の方が珍しいんですよね。当然、アメリカにはありますし、最近、ロシアはプーチンさんがカジノを止めろということでモスクワからカジノが無くなるという話もありますが、当然今でもロシアにもカジノはあります。イギリス、フランス、韓国にもあります。中国にはありませんが、中国の一部になったマカオにもあります。今、シンガポールにも大きいカジノを建設中です。そんなこんなで、どこも合法カジノは世界中にあって、逆にカジノが無い国

の方が珍しいんです。

世界中のカジノはどのように運用されているかというと、国を挙げて観光目的のために、特に外国人観光客を呼び込むためにやっている場合が多くて、例えば韓国は、韓国人は入れないという建前でやっています。アメリカのカジノでラスベガスは、1920年代の世界大恐慌の時に税収不足を補うために作られたという歴史的経緯がありました。また、アメリカのインディアン・カジノというのは、先住民の人達の生活基盤保護のためという名目上、ラスベガスがあるネバダ州だけではなく、他州にもインディアン・カジノがぽつぽつあり、カジノ自体は非常にメジャーなギャンブルです。

日本の場合は刑法で賭博罪として賭博は禁止されているんですね。特例として、競馬、競輪、競艇、オートレースがいろいろな名目上特例法を作られ、賭博を禁止している刑法の例外規定として存在しているんです。それも大義名分がありまして、競馬なら農林水産省が農林水産の振興のための基金を作るということで、JRA日本中央競馬会が競馬をやっていたりと、地方競馬や競艇は全て戦後にできています。どうしてかというと、戦争被災地の復興のためにできたんですね。原則として空襲を受けた都市にしか、地方競馬や競艇、競輪は設置されていないはずです。いろんな言い訳を作って、各都道府県市町村はギャンブルの設置を認めてきたと。

それとは別にパチンコ、パチスロがありますが、なし崩し的に、一応三店方式をとっているので合法だと言い張っていますが、実質上はギャンブルですよね。パチンコで出た玉を景品交換所に持っていくと、文鎮やボールペンに変えてくれて、それを換金所に持っていくとお金に変えてくれるということでも、私は明らかにギャンブルだと思います。「赤信号みんなで渡れば恐くない」じゃないですが、警察の天下りもたくさん受け入れて事実上の黙認状態だと思います。

同じく売春防止法で、売春は基本的に日本では禁止されているはずですが、例えばソープランドという存在があって、これは特殊浴場というところに分類されます。個室サウナという名目で、背中を流してくれる女性がいて、その人と恋愛関係になってしまったので管理売春ではないと逃れているというか、脱法に近いのですがこれも黙認されています。日本のパチンコが一番普及しているギャンブルですが、これらは黙認状態にあったといって過言ではありません。

実際に三店方式を使って1990年代にカジノが流行ったことがあります。以前、プロゴルファーのジャンボ尾崎さんのスポンサーの会社の本業はカジノでした。パチンコは三店方式といって、いったん特殊な景品に交換して換金する手法を黙認されていましたが、それと同じことをカジノでやってしまい、勢力を拡大していたら当局に目をつけられて摘発されてしまったと。なんでパチンコはいいのにカジノは駄目なんだと、理屈としては通らないんだけれども、時に警察権力は私利的に新興勢力を排除にかかる。そういう経緯もあり、日本のギャンブルは合法ではないんですが、パチンコのように黙認されているギャンブル、特例法で守られている競馬、競輪、競艇、オートレースといったところに二分されていたわけですね。

その中でカジノ構想が出てきたきっかけは、税収源として非常にいいというところもありますし、カジノのギャンブルは控除率が小さいと言われています。繰り返しやるので一回あたりのゲームのテラ銭といわれる胴元が持っていくお金は、多くて5%です。しかし、競馬は20~25%くらい、宝くじに至っては50%控除されるということで、非常に割の悪いギャンブルです。カジノはマックスでも5%くらいしか持っていかれないので、勝ちやすいギャンブルでもあります。カジノは世界中で、特に中国人に愛されています。バカラ、ブラックジャック、ルーレットなどのルールを全世界の人達が知っているので、観光客を呼び込む手段としては非常にメジャーな手段です。

パチンコが事実上、非合法状態にあることをも是正しなきゃいけないと。私はこれ、憲法9条みたいなものだと思うんですけど、軍事力を持つことを禁止されているにも関わらず、何故か自衛隊があるのと非常に近いと思います。事実上、これで地域経済が成り立っていたりとか、地域のギャンブル事業を吸収していたりして、それでもいいのかと黙認されているに過ぎないんです。他の国がやっている観光資源としても有力であるということで、カジノを日本でやってもいいんじゃないかと、カジノの特例法を作りましょうという議員連盟ができたりして、日本各地にカジノの候補地が探されていたような状態です。

沖縄の新しい観光資源としても、カジノはもってこいですよ

候補地として沖縄は結構早くから名前があがっていて、理由として、沖縄っていうのは実は自立した経済ではないんですね。基地経済とも言われ、日本の米軍基地の半分以上を沖縄が負担していて、しかも、軍事費は補助金という形で沖縄県に流れています。かろうじて経済が維持されている状態です。未だに沖縄北方開発大臣がいるように、辺境にあるにも関わらず経済が自立していないので補助金がずっと必要です。内閣府の沖縄の支所みたいなもの

もあったりして、いろいろな意味で手厚く保護されている状態にあると。ただ、国の財政がこれだけ逼迫してきている以上、そこにかけるお金は少なくならざるを得ないと思います。

今、普天間基地の移設問題が取りざたされています。名護の近くの辺野古に埋め立てて滑走路を作るとジュゴンが死んでしまうと環境保護的な反対運動もあり、先行きが不透明になっているという状況があります。もちろん反対派もそれなりに多いですけれど、基地経済に依存している地元経済界の中では基地がなくなると困るというふうに考える方々もいらっしゃると。それが沖縄県外への基地の移転を阻んでいるうちの一つの大きな理由です。そういう意味でいうと、反対勢力を黙らせるためにも沖縄のカジノ構想は、それなりに意味があることだと思います。試算でいうと1万人以上の雇用が確保でき、地元経済、地域経済への寄与度も大きくなるのではないかということで期待されています。沖縄へのカジノの誘致に対して否定的な方々もいますが、否定的な方々の中でも基地がなくなると収入源が減るという人達からすれば、カジノができることで収入源ができるというメリットがあります。

また、治安が悪くなるという話がありましたが、すでにパチンコ屋や闇カジノや闇スロットがあるので、むしろちゃんと合法化し、ライセンスを受け、きちんとやる業社が出てくれればカジノも悪くないのではないかと思います。例えば、ラスベガスに行っていただければわかりますが、もちろんカジノがメインですが、それ以外にジェットコースターなどの各種アトラクションが結構そろっています。ラスベガスのカジノとかミュージカルでもそれなりにレベルの高いものをやっていて、結構いい総合レジャー施設になりうるのではないかと思います。

しかも沖縄のいい所は、地政学的に優れているということです。世界のラスベガスを初めとしたマカオなどのカジノに行くと、中国人の割合が非常に多いです。私は世界中のカジノへ行きましたが、半分以上、もしかすると90％近く中国人じゃないかというくらい中国人の比率は多いです。唯一、ヨーロッパの、特にモナコのカジノは中国人はあまりいませんが、中国人がいないと淋しいです。沖縄は、琉球王国の時代は元々中国に朝貢していた、いわば中国の属国みたいな存在でした。ご存知の通り中国本土から近く、台湾からだともっと近いです。もちろん香港やシンガポールからも近い。しかも世界で一番海が綺麗だと言われてるくらい、海が綺麗なのは非常に大きいです。沖縄ほど海が綺麗で、あれだけまとまった大きさの島がある所はなかなかないんですよね。私は結構観光客が来るのではないかと思います。

今、カジノが無い所で沖縄が観光客に注目されているのはゴルフです。特に韓国はゴルフが盛んですが、冬の間は全然できません。北海道みたいなもので雪が積もるので、プレイがしづらいと。でも、九州や沖縄まで行くと温暖な上に年中プレイができてしかも沖縄まで行けば暖かいということで、中国人観光客や韓国人観光客に人気なんですね。東アジアの国々からだったら、せいぜい1~2時間で行けてむしろ東京より近いです。外貨の獲得、外資の誘致もカジノをきっかけにして沖縄に集められる状況にあるのではないかと思います。

他の地域でのカジノ計画もあります。石原慎太郎さんがお台場にカジノを作ろうと言っています。特に週末や夜中に東京の都心で働いている割と収入の高い人達がそこのフロアに入り浸って、お金をどんどん使ってくれるのではないかという話があります。やはり東京は豊かな都市なので、そこにカジノを作る大義名分は作りづらいところがありますが、沖縄は政府から補助金がないとやっていけないような島ですので、独自の収益源が沖縄には必要じゃないかと、その最右翼がカジノ構想だと思っています。

ただ、私はこういったことをブログ等で発信してみましたが、カジノという言葉自体に過剰反応をされる方々が多くて、競馬や競輪と言ってもビクともしないんですが、カジノと言った途端に眉をひそめるような反対側にまわる人達も少なくないと思います。ただ、日本の財政は待ったなしだし、沖縄の財政危機を救うだけの体力は本体に残ってないと思うんですよね。そうなった場合に、稼ぐ方法、全体で成長していく方法を各種自治体であったりとか日本政府が打ち出していかなければなりません。いつかは誰かが助けてくれると思っていては、経済はどんどん悪くなっていくのかなと。逆に緊張感をもってやっていけば経済成長が止まるようなことはないと思います。

カジノはそういう意味でいうと非常に重要な収入源になるのは間違いなくて、反対側にまわる人達を首相がリーダーシップをとり、誰が何といおうと日本は財政危機にあるから少しでも税収を増やしたいからカジノをやります、と宣言してもいいと私は思います。それを今の民主党政権でできるかどうかは別として、それを国民新党の亀井さんが言うのも皮肉なことです。彼はパチンコ屋の利権を握っているといわれる警察官僚のOBなんです。パチンコ業界のおもり役みたいなキャリアだったはずなのに、なんで今更カジノのことを言い出すのか私は不思議です。それは多分、彼の場合は、政治論争の具にしたいのかとは思いますが、海辺のカジノというのはまだないので、私としては沖縄にカジノができるとマリンスポーツもできるし、カジノもできるし、ゴルフもできるということで、そこで盛りあがっている可能性が高いです。しかも日本円で賭けられるということでプラスになることは間違いないんですね。

私はカジノのギャンブルは好きですが、日本国内で合法的にできる場所が無いのでどうしても海外にわざわざ行かなければならなく、結構面倒くさいんです。それが日本国内にあれば海外渡航手続きもいらないし、日本円で賭けられるしということで非常に便利だと思います。カジノの店を認めるような法律をどんどん推進していってほしいなと思っています。

10章　二極化するアパレルブランドの行方とは

ファッションの安売りもここまでくれば極まったもんだなと……

あのアバクロの日本一号店が先日オープンして、たいして宣伝もしてないのに500人も開店時に行列が出来たというのが話題になっていましたけど、私も5年くらい前に、なんかの記者会見でアバクロンビー&フィッチのTシャツを着て行ってたら、結構それが気に入られたみたいで、あのTシャツはどこのTシャツだ、みたいな事を言われたりしたんです。アメリカに行けば普通に買える、まあハワイにもアラモアナショッピングセンターとかですね、そういった所にも出店している、安いカジュアル衣料のブランドなんですけど、日本では売られてなくて、みんな並行輸入でいろんなセレクトショップとかで売られている知る人ぞ知るカジュアルブランドだったんですけれども、日本に進出しないのか投資しますよ、みたいな話を5年ぐらい前に持ってってたこともあるんですけど、いやあうちら日本には独自で行くんだと、今時期を見てる、みたいな事を言われていて、やっと時期が来たのかというふうな印象がありますね。

そのアバクロに限らず、そういった割と低価格帯の、でもそれなりのオシャレな感じのカジュアル衣料のブランドというのは、GAPなどを初めとして日本にどんどん来ていますよね。ZARAといったブランドも来ていますし、H&Mとか。その中でも日本発のブランドでいうと、ユニクロなんかもそのカテゴリーに入ると思うんですけれども、最近とにかく大挙して日本にやって来ている、というような印象がありますね。でその割にはですね、高級ブランドが日本から撤退したりとか、あるいはその日本の旗艦店をやめるとかですね、結構景気の悪い話ばっかり聞くと。

ヴィトンとかエルメスとか本当に一部のブランドを除くと、ほとんどの欧米系の高級ファッションブランドが、アウトレットに出店をしてきていると。今たぶん売れているのは、結構高級ブランドの服でも、そういったアウトレットモールとかで主に売れるようになってきているのかなと思います。これはもうほんとに服に限った話ではなくて、下着とかそういったものも値崩れが進んでいますし、これはたぶん世界的な現象なのかなと思っています。

そもそも、そういったファッションブランド・アパレルのビジネスモデルっていうのは、元々原価率がものすごく低いんですよね。まあ本当に一割二割ぐらいの原価率で販売していることが多くて、それでとりあえず売ると。コレクションみたいなものをその一年前くらいですかね、パリコレとかになると一年半前とか二年前とかにやっちゃったりするんですけど、結構早いうちに先行でショーをやって、そこで宣伝をして、飢餓感というかそういうお客さんの興味をあおりつつ、満を持してリリースをして、何ヶ月か経ったらバーゲンをやって、例えば春夏の賞味期限が終わると秋冬が出てくる前に春夏のバーゲンをやって、バーゲンで5割引とか6割引、7割引とかで売ったりすると。

それでも、実はバーゲンでも利益が出るような構造になっているんですね。売れ残ったらファミリーセールをやって更に安く売ると。まあファミリーセールと言いながら、友達の紹介でとか言ったりして、誰でも入れたりするんですけど、ファミリーセールでほんと一割とか二割ぐらいの値段で買えたりする。もうこれは原価スレスレか原価を割れてるというような状態で売っていくというのがこれまでのアパレル業界の定番の手法だったわけですね。ただその構造を知った人達が、色んな値引きの方法、安売りの方法っていうのを、当然考えていくわけです。

まず、例えばブランド物であれば、日本でいうと女子系でいうとマルキューブランドといわれる、渋谷の109に入っているようなファッションブランドっていうのは、言葉は悪いですけれども本当にその一年半前とかにパリコレに見に行くんですね。見に行ってパタンナーがこう全部メモってそれをですねパクって作るんですけれども、まあ全部パクるっていう訳ではなくて、色んなブランドのいいところをパクると。例えばこの服のシルエットはこのブランドがいいよね、だけどここにもう一つポケットがあると機能性がいいよねとか、オシャレだよねとかいうようなワンポイントを更に加えて作るんですね。生地とか素材もほんとに本家本元と同じような生地を使って、でも値段は三分の一みたいなことをやっていたと。

これは、最初のデザイナーのコストっていうのを減らすためにやっている、というような段階から、例えばそういう女子でも、OLとかそれなりにキャリアウーマンのようにお金を稼いでいる人じゃなくて、高校生とかお金のない人達向けに、更にそのパターンは同じような服を出すんですけども、素材をワングレード落とすとかですね、縫製工場とかのレベルもちょっと一個下がったレベルの所に頼むとかして、更にそこから半額、三分の一にして売っているようなブランドっていうのも出てきたと。

まあそういう状況があったんですけれども、さらにはユニクロやH&Mとかのレベルになってくるとどうなるかというと、もう原価が分かっていますから、原価プラスαで売っていくというような手法を始めてきたわけですね。実はユニクロとか、GAP、H&M、アバクロもそうだと思うんですけれども、安くていいものを売るという手法で、のし上がってきたと。それはある意味で言うと価格破壊でもあるんですけれども、服っていうのは沢山ロットを作るもんではないですから、それこそ要は自分と同じ服を、道を歩いている人がですね着ていたらちょっと寒いじゃないですか、ちょっと嫌じゃないですかっていうことで、あんまり同じ物を同じ店に沢山置いたりはしないんですよね。

最近になってくると、それでも上手く着まわしをすれば他の人と同じコーディネイトにはならないとか、もうそんなに給料もたくさんもらえないからそんなに高い服買えないと、ユニクロでいいやというような人達も増えてきて、そういった世界のデフレ傾向っていうのに、アパレル業界がだんだん合わせてきたような現状がある訳ですね。

さらに言うと、例えばジル・サンダーがユニクロとコラボをすると。ジル・サンダーといったら結構高級な、一着20万円とか30万円とかするような服を出してるメーカーブランドにもかかわらず、ユニクロとコラボするということになってくると、物はもちろん違うし、その質も本家本元よりはちょっと悪いんだけれども、今ジル・サンダーの服を着てると、ああこれユニクロで買えるよねなんて言われると、もうお得感、ありがたみっていうものがなくなってしまうんですよね。そういう意味で言うと非常に厳しいのかなと。厳しい方向にファッションブランド・アパレル業界っていうのは向いてきちゃってるんではないかなというふうに思っているんですね。それは日本だけじゃなくて世界的な傾向としてあると。

これはアパレル業界だけの問題ではなくて、実は他の業界でもそういう世界ってのは生まれてきていて、例えばＩＫＥＡっていう家具に関わるようなキッチン用品とか、そういった物を置いている大きなスーパーマーケットがありますけれども、同じようにニトリとかカインズホームとか、そういう大規模な結構デフレ気味の家具とか台所用品なんかを出すような会社、ショッピングモールが出てきてますよね。これもやっぱり日本発のものと、世界から来るようなものがあります。

例えば、私は最近ＩＫＥＡでワイングラスを買ったんですけど、家で何人か呼んでちょっとしたパーティーみたいことをやる時に、ワインを飲むからワイングラスを出すんですけど、結構みんな酔っ払って割るんですよね。結構高い、リーデルとかって高級なメーカーがあるんですけど、リーデルの非常に綺麗なちゃんとした高いワイングラスを出したところで、どうせ割れちゃうんだろと。そしたらＩＫＥＡで５００円のあの安いワイングラス買ってきたほうがいいかということで、そういった物はまとめ買いしたり、やはりそういう安売りをしているショップがあると、多少品質が悪くても買ってしまうというのがある。

もうそれだけじゃなくて食品業界とかですね、そういったスーパーマーケットもそのような状況にありますよね。例えば日本だったらイオングループとかが日本中にショッピングモールを作って安売りをしたりとか、世界から来たところで言うとカルフールとかですね、まあそういった全世界的なショッピングモールをやっている会社っていうのが日本にもどんどん進出して来て、価格競争を仕掛けているというような状況にあると、その中でアパレルもやはりそのような形で価格競争に巻き込まれていってるような感じがしますよね。

例えば私がもう最近一番びっくりしたのが、あのファッションセンターしまむら。たぶんご存知だと思うんですけど、結構地方に行くと、しまむらってまあちょっと僕らからしたらオシャレな感じはあんまりしないですよね。ホントおばちゃんが買いにいくような、ちょっとショボいファッションモールみたいな感じだったのが、もう今やテレビCMを打って、割ともうユニクロと変わんないじゃないか、というようなクオリティーの物を出してきているという事で、ほんとに安売りも極まったもんだなというふうには思ってるんですよね。

しかもですね、結構びっくりしたのが、あのユニクロって例えばフリースを買うじゃないですか、安いからそれこそワンシーズンで着つぶす人も結構多いんですよね、そうするとそのフリースのリサイクル用の窓口があるんですよね。で窓口というかゴミ箱じゃないですけど、もう着終わったフリースはここに入れて下さいと、そしたら繊維をリサイクルしてまたこれで新しいフリースを作ります、というような窓口すらあるようになってきていると。

超高級か低価格かの二極化が進み、中途半端では生き残れなくなっています

つまりそのファッション業界というか、みんなが着るものに対して考えていること、根本的な考え方っていうのは変わってきているのかなと思います。特にそのファッション性の低いような感じの、例えばジーンズであったりとかシャツであったりとかトレーナーみたいなものとか、フリースとかセーターとかそういうものっていうのは、もうほんとにワンシーズンで着つぶすから安くていい、というような考え方にだんだんなってきてるのかなと。

以前は、それこそレディーメイドの服が出来る前の状態っていうのは、全員テーラーメイドで全て仕立てて、日本でも着物は元々は反物で買って、それを仕立てて自分のサイズに合わせた物を作って着ていました。それは西洋のスーツとかそういった物でも全部テーラーメ

イドで一点物を作って、それを大事に一生着るぐらいの勢いで考えてたものが、まあだんだん変わってきたのかなと。

これはスーツとかも同じですよね。ザ・スーツカンパニーのような安売りのスーツ屋さんも結構出てきました。一万円でそれなりのクオリティーのスーツが買える、というような会社も出てきたぐらい、大事に一生着るのではなくて、全体的に着つぶして、ほんとにワンシーズン、ツーシーズン、スリーシーズンぐらいで捨てていくというような形で、昔は大事に使っていたものが、短期での使いまわしに変わってきたのかなと。これはもう全体の消費に言えることなのかな、というふうには思えます。

ただ例えば家電製品とか自動車みたいな物は逆に大事にずっと乗ると。大事に乗るというかまあ耐久性が上がっていって買い換える必要がだんだんなくなってきていると。それなのにアパレルっていうのは、本来は一生着れるぐらいの耐久性があるものだったにもかかわらず、そうではない方向にだんだん向かっていってるってのは、これはちょっと業界がですね、ある意味様変わりするだけでなくて、ある種崩壊の方向に向かっているんではないかなというふうに、私はちょっと懸念するところもあるんですよね。

そういう意味でも、もっと小さくてそれなりに影響力のあるような、わりとファッション性の高いような小さなブランドってのは、これからもうちょっと元気を出してですね、それももしかしたら二極分化なのかもしれないなというふうに思うんですよね。

実は東京って既にアパレルの分野でいうと、東京ブランドといって特に男子の服がそうなんですけれども、世界的な発信源になりつつあるんですよね。例えばＮＩＧＯさんっていうファッションデザイナーの方がやっているア・ベイシング・エイプっていう猿のマークが付いてるようなブランドありますけど、これなんか特にアジアでものすごく人気。大阪発のエビス・ジーンズなども人気があります。そういった東京発のブランドっていうのが、世界で結構影響力を持ちつつあるんですね。

元々はパクりだったんだけれども、東京発のブランドってのはどんどん増えていってると。逆に言うと例えばパリコレをパクってたビジネスモデルってのは、通用しなくなってきてるんですよね。要はいつの間にかレベルが上がっていってた。これはなんかでどっかで見たような話ですけど、例えば自動車とか家電とか昔はアメリカとかのパクりだったものが、いつの間にか日本が独自に製品のレベルの高いものを作っていった歴史に、もしかしたら似ていると思うんですけれども、まあそういった意味でその東京ブランドってのは、すごくクオリティーが上がってきているってのは、ひとつの面白い、いい現象なのかなと思います。

ただしそれはその一部のファッション好きの人達に限られていて、多くの人達ってのは、まあ高い金を払ってそういう高級、あるいは高いブランドってものを買わなくなってる、これは事実なんですよね。そういう意味でまあよく言われるのは、格差が広がってきてその中流がなくなって、下流か上流、超上流かだけにこう二極分化されるというような現象がありましたけれども、たぶん私はファッション業界もそういうふうになってきているのかなというふうに思うんですよね。

あるいは昔は中流の人達が頑張って、例えば食費を切り詰めて人気ブランドの服を買ったとか、あるいはカードのリボ払いで欲しい洋服を買ったとか、それで払いきれなくなって自己破産したとか、水商売にいったとか、そういう悲劇的なことも起こるんですけれども、とにかくその中流の人達が頑張って上流の服を買っていたっていう現象が、もうここまでそのデフレあるいは不況が続くことによって、もう無理だっていうことであきらめてきたと。まあさらに2010年から貸金業法もまた更に改正されて、年収の三分の一以上のリボルビング払い及びキャッシングができなくなりますから、そうなると更にアパレルの、特に高級ブランドの不遇みたいなものっていうのは、これから進んでいくのかなと思います。

ただ、私はそれでもルイ・ヴィトンやエルメスなどのトップブランドは、頑なにディスカウント販売をやらなかったりとか、低価格ブランドとのコラボってのをやらないような気がするんですよね。逆に、トップブランド以外では、価格競争に巻き込まれないで価値を創造していくのは、これから本当に難しくなるということです。超上流のブランドとして残りつつ、それ以外は全部それこそアバクロとかユニクロとか、そういった低価格のブランド帯に二極分化していくような気がしますよね。

やっぱり中途半端が一番ダメということで、ほんとに一部の富裕層向けに高級ブランドで、全くもう安売りもしないし一部の人達が買ってくれればいいやということで、小規模にそういったブランドをやるか、まあ後は完全に低価格帯消費販売に分かれちゃうのかなというふうに思いますね。中途半端なところはどんどん淘汰されていくんじゃないでしょうかね。

11章　遅すぎたＪＡＬ再建の行く末は

ＪＡＬはここへきてまだ、親方日の丸から抜け出せない

ＪＡＬがいよいよここへきて上場廃止ということになりましたが、私にしてみれば遅すぎたかなと思います。民主党政権になってから一気に噴出してきたように見えますが、ＪＡＬ自体の経営体力がずいぶん前から落ちているにも関わらず、働いている人達の中に問題意識が全く見えてこないというところがありますよね。

元々国営会社で、戦後すぐ一時期民間航空会社が禁止され、航空産業もバラバラに解体され、多くは自動車産業に移っていき日本の自動車産業の礎を築いたという話もあるんですけども。例えばスバルの富士重工や日産自動車の原流になった会社っていうのは、元々航空会社でした。戦後アメリカが占領し、アメリカの航空機を買わせ、国営会社日本航空ができた

わけです。

日本航空はいろいろな問題体質を抱えていて、先日「沈まぬ太陽」という日本航空をモデルにしたといわれている小説が映画化され、ＪＡＬが抱えているいろいろな問題について、えぐるように描写されていました。官営の航空会社ということで、お役人体質が強い会社です。それが経営的にもいろんなひずみを生みましたし、ＪＡＬ１２３便の御巣鷹山の大きな事故が起こるまでは、安全面でも非常に問題を抱えていた企業だったんですね。ＪＡＬの事故といいますと御巣鷹山の事故を思い出しますが、その三年前に二十四名が死亡した、機長が着陸前に逆噴射を指令して羽田沖に突っ込んでしまったというものすごい事故がありました。御巣鷹山の事故が大きすぎたので、その前の事故を忘れてしまっていると思いますが、それ以外にも海外の空港で何回か死亡事故を起こしたり、着陸に失敗したりという事故が結構起こっているんですね。

世界の航空会社の事故ランキングを出しているウェブサイトでは上位にランクされています。全日空に比べると何倍も事故を起こしています。全日空は、30〜40年前の東北の雫石の上空で自衛隊機とぶつかった事故以来、死亡事故は起きていません。同じくらいの規模の航空会社なのに、完全に民間航空会社としてできた全日空はあまり事故を起こしませんが、Ｊ

ＡＬは結構事故を起こしていたという体質があります。さすがに御巣鷹山の事故以降、死亡事故は起きていませんが、それ以外のぬるま湯体質は残ったままになっていると。

特にＪＡＬの問題で一番大きいのは組合問題なんですよね。ご存知の通りＪＡＬは何年か前にＪＡＳ（日本エアシステム）と合併して、それまでにも組合が五つありましたが、さらに増えて七つになりました。しかも組合が対立しています。客室乗務員の組合も一つではなく、二つくらいあります。それ以外に機長組合などいろいろな組合があります。別の組合員同士は同じ飛行機で乗務しているのに口もきかないという話もあります。そこが非常に大きい問題の一つです。

さらに手厚い企業年金は、ＯＢの人達がものすごい額の年金を何十年にも渡ってもらえるということもあります。この前、法的整理に向かってＯＢの年金を削減するかしないかでもめていました。どうしてもめたかというと、親方日の丸的な体質があり、最後は政府が国民の年金を突っ込んで自分達の年金を守ってくれるのではないかという甘い見込みがあると。後は政府が助けてくれると思っているからこそ、反対している人が多い。けれど、それは非常に時代錯誤です。明らかに経営破綻してしまうと年金の額はぐっと減ります。会社更正法を申請して潰れてしまうと現有している資産を分配して終わりますから、ＯＢの年金は半分以下に減ってしまいます。本当は反対しないで、年金基金を解散に追い込まないでいた方がいいんですが、今までもＪＡＬの経営危機は政府が資本注入して支えてきましたから、今回も助けてくれると思っていた。

ＪＡＬの人達はこの期に及んでもぬるま湯体質が抜けきれていないという所があります。政府からの支援を甘い方向で、国土交通省の役人を動かして何とか国が税金を使って支援する方向に持っていきたかったみたいですが、さすがにそれも命運つきたかと思います。それは、ＪＡＬ自体の経営体力が減っていって、各方面に睨みがきかなくなったというのもあると思います。これまでは、マスコミや国土交通省に裏で手をまわして、何とかＪＡＬ支援の方向で進んでいったわけですが、そういった力すらなくなってしまいました。本来であれば「沈まぬ太陽」もＪＡＬ非難の映画ですから、公開まで持っていけなかったと思いますが、そういった力さえもなくなってきている証拠かと思います。

今、世界的な潮流として、中流向けの価格もそこそこ取るのに、サービスは高級ではないというような中間層の航空会社はバタバタ潰れていっています。最近の例では、アメリカのユナイテッド航空は、連邦破産法のチャプター・イレブンというところで、日本で言うところの民事再生法の申請ということで、ＪＡＬよりはマイルドな形です。イタリアのアリタリアとかブラジルの航空会社だったりとか、どんどん破綻していくのは世界的な潮流です。

ＪＡＬのコスト意識のままでは、再建は非常に難しいと思う

元々、航空会社は薄利多売の事業構造になっているので、規制で守ってあまりたくさん航空会社が入って来れないようにするのがこれまでのやり方でしたが、今、オープンスカイという航空の自由化が各国で締結されつつあって、時代はＬＣＣと言われる格安航空会社に主導権が移っていっています。こういう航空会社は正規料金が既に割引料金並に安いです。このへんも非常に難しい問題を抱えていて、例えば日本から東南アジアに向けて飛ぶ便があるとすると、国際線は往復チケットが基本ですから、日本発東南アジアに行って帰って来る往復チケットを買った場合、日本発の便の方が東南アジア発の便より三倍とか四倍とか、下手すると十倍近く料金を取る場合があります。日本の場合、正規料金と実際の料金の差が大きいんです。旅行会社経由で格安チケットを買うと、例えばグアムに2、3万円で行けるのが正規料金で買うと10万円するということが当然あるわけです。

差は何かというと、裏で余った路線をバルク整理している構造があります。国内の航空会

社でも同じような構造があり、株主優待券が象徴していますが、千株以上持っている株主に対して年2回優待券を一枚プレゼントする制度があります。株主優待券を使うと半額になります。例えば、羽田から沖縄に行くビジネスクラスだと4万円くらいするものが半額になると2万円に割引されるわけで、超早割みたいな一ヶ月くらい前に予約する早割と同じような料金で、割引のシステムがたくさんあります。多くの株主は、株を持っていても優待券を使わないので金券ショップに持ち込みます。「沈まぬ太陽」の映画を見ていると経理部員が会社の株主優待券を裏金作りに使う、要は横領ですが、換金して金券ショップに流れたものを旅行会社は入手して、格安航空運賃のホテル付きのパックを作ったりしているんですよね。

正規料金と実際の市場価格は乖離しているので、LCCはそこを上手く突いていてベーシックな基本料金設定を市場価格に合わせます。それにプラスして燃料料金は原油価格に応じて変わります。昨年は原油価格が高騰し、ガソリン価格が上がったのと同じで、そこに対してサーチャージがかかって、それを別途で払ったりする現象も起きていました。基本的には国内の航空運賃にサーチャージはのりませんから、航空会社が丸のみしているわけで、サーチャージがかからない時期とかかる時期によって収益性が変わっています。これを完全にガラス張りにしてお客さんに市場価格で払ってもらうことにし、さらにプラスして機内の食事や飲み物のサービスを完全に別料金にするとか、マイレージサービスも無しとか、いろいろなサービスを削っていって別料金性にして基本料金をものすごく安くしたのがＬＣＣのビジネスモデルです。これが世界中で基本になりつつあります。それとは別に、ビジネスクラスやファーストクラス、あるいはプライベートサービスのような高級志向のサービス、例えばお金を払ってでも空港のゲートを早く通りたいとか、楽をしたいとか、長距離の便でも疲れないようにしたいなど富裕層が喜ぶようなサービスを別に作っています。そういった所の取り組みは、中級層向けの航空会社は従業員もたくさん抱えていますから、転換が難しいんですね。

おそらくＪＡＬは非常に厳しい状況に追い込まれていると思います。国際線もＡＮＡに売り渡してしまうような案もありますが、私は是非やるべきだと思います。国内線でも安定的に儲かる路線は非常に限られているんですよね。路線の数でいうと儲かっている路線は少なく、変動率が非常に大きいんですよね。例えば、羽田から福岡とか、羽田から新千歳とか、あまり新幹線のアクセスがよくないような四国の松山とか高松、あるいは小松であったりとかがドル箱路線です。新規参入しているスカイマークエアラインズなどが飛ばしますので、価格競争はこれからも激化していかざるを得ないと。一時期、スカイマークとかエアドゥーなどの新しい会社が入って来た時、ＡＮＡとＪＡＬは組んでダンピングをしましたが、今はそのような体力が残ってないと思います。むしろＪＡＬの方が苦しい立場に追いこまれてしまうのではないかと思います。元々コスト構造が高いですからね。スカイマークはあれですごく鍛えられ、ものすごくローコスト体質で飛ばす体力は付いているわけですよね。それとこれから戦っていかなくてはいけないということで。

国内線のＪＡＬのブランドで、また、マイレージも残るかどうか非常にあやしい状況にある中で、果たしてユーザーがＪＡＬを選ぶかどうかという話でいうと、私は厳しいと思います。ＪＡＬが本当に生まれ変われるかどうかあやしいと思います。しかも、スポンサーが企業再生支援機構なので、国が実質のスポンサーになるわけです。こういった通常の会社更生法申請案件はスポンサーが別につくんですよね。会社更生で債務が５％とか７％にカットされるわけですから、３千億円、５千億円位で買えます。本当に魅力があれば、他の航空会社なり海外のファンドが手をあげると思いますが、そういった声が聞こえてこないので、魅力のない収益性があやしい物件だという可能性が高いです。

今後、債務をカットし、年金をカットし、路線も国際線をやめ、国内の採算路線から撤退してとなった時に、はたしてＪＡＬを選ぶ顧客が増えるかといったら非常に微妙であると。

さらに他との差別化が全く考えられてないと思うんですよね。そういった体質ではないと思うんですが、そういった会社が残ってしまうということは、またさらに不採算体質が続くとなると、もう一回会社更生法を申請するなり、破産に追い込まれるなりということも充分考えられるのかなと思います。

アメリカのパンナムという会社が何十年か前にあったことを記憶されていると思いますが、跡形もないですから。このパンナムのようになってしまう可能性は充分にあります。今回、政府民主党としては京セラの稲盛さんに経営を頼みましたが、彼も78歳の高齢で、それしか人選が無いのかよと私なんか思いました。もっと若くて元気があり、新しいことを考えられる人を持ってきたほうがいいと私は思っているんですね。人選も含めＪＡＬの将来は非常に暗いと思いました。安全にも関わる話なので、従業員のモチベーションが下がってくると機体整備が手抜きになってしまう可能性もあるので、もちろん、現場の人達は当然頑張って整備されると思いますが、ちょっと微妙かなという気もします。これからの未来は暗い状況にあるのかなと思います。

私はきれいさっぱり精算して、ＪＡＬじゃなくてＡＮＡとそれ以外のスカイマークとか、あるいはオープンスカイにし、海外の航空会社、例えばバージンアトランティック航空とかを日本に持ってくるという方向性の方がいいと思います。

12章　羽田新幹線開通で変わる空港の役割

設備の充実が進む羽田にさらに新幹線が通れば、成田はいらなくなりますよね

羽田空港へのアクセスの問題として、巷では新幹線羽田線という構想が出てきているようですが、これは前原国土交通大臣が試案として提出というか、ぽろっと言った話みたいですけど、彼はもともと鉄道オタクとして知られていて、鉄道関係の事に関しては並々ならぬ知識を持っていて、それを実際に実現したいというふうに思っているに違いないんです。羽田の問題というのは成田とのからみの問題であったりとか、JALの再建問題とか、JR東海が推進しているリニア新幹線の問題とか、こういったものと実は密接に関わっている問題なんですね。

まず羽田空港をハブ化するなんていう話もありましたけれども、今民主党政権になってい

ろいろなものが動き出しているということは確実に言えるのではないかなと思ってます。もともと民間空港は羽田しか首都圏に空港は無かったわけですけど。米軍基地が福生にあって、米軍の横田基地があるのですけど、この問題とも実は密接に関わっているんですね。戦後、航空行政というか、日本は航空機の製造も禁止されて、航空機・民間航空会社も禁止されたわけですけども、その時に、アメリカが占領して実は横田基地というのができて、その横田基地の空域っていうのは横田空域と呼ばれているのですけども、東京都のほとんどと神奈川県とかこういったところの上空というのは、実は米軍の横田基地が支配していると言いますか、そこが管制もしていて、まあ一応申請をすれば日本の民間航空会社も飛べるのですけど、基本はそれをやらないと飛べないということで、未だに米軍が占領しているようなものなんですよね。そういう問題もあって、羽田は使い勝手が悪いから、成田に国際線持っていこうなんて話が出て、すったもんだしたあげく成田が開港して、やっと2本目の滑走路がまともな航空機が飛べるようになったという状態まできたというところなんですね。それでも世界一その着陸料が高いと言われている、非常に不便で、東京から行くのも非常に大変であるという空港であったわけですね。

もともと新幹線の話ってのは、成田に新幹線を持っていこうという話になって、これもあまり知られていないんですけど、東京駅の京葉線の地下ホームありますけど、あれはもともと新幹線用のホームなんですよ。今回、京成から新京成とか、いくつかの路線を組み合わせて成田にもうひとつ直通でわりと高速走行ができる民間の鉄道会社が連合してアクセスラインができるんですね。つまり、ＪＲの成田エクスプレスと京成スカイライナーに加えてもう一つ、高速鉄道ができるんですけども、これの線路の一部も成田新幹線になるはずだったものが使われているんですね。結局成田新幹線というのは、ある時期の新幹線、バブル崩壊とかそういうのがあって、整備新幹線もやめるということになって、その中で立ち消えになって、京葉線とかいろいろなものに転用されていったという経緯があるのですけれども、正直言って成田空港そのものってのは非常に使い勝手が悪いし、羽田に滑走路をいっぱい作ってそこに国際線のアクセスを持ってきたほうが、実はいいのですよね。地方からも成田経由で国際線が飛んでいたりするので、そういう意味でも羽田を24時間ハブ空港にした方が、効率がいいと。

羽田自体も非常に開発が進んでいて、ＪＡＬを中心にした第一ターミナル、それと、ＡＮＡを中心にした第二ターミナルというものができていて、第二ターミナルはまだ全部は完成していませんけれども、もうすぐ完成すると。それに加えて、国際線も新しいターミナルができる。ということで、こちらの方がどんどん拡充してくと、実は羽田でこと足りてしまうんですね。成田移転というのは、一つは政治的利権の問題もおそらくあったと思うんですね。当然成田に土地を持っていれば、土地の値段も上がって国が買い上げてくれたりとか、あるいは周辺の駐車場とかホテルを作ったりだとか、いろいろな周辺ビジネスで儲かりますから、当然利権がものすごく絡んでいて、もう一個空港を作ろう、国際線の空港だということで、利便性とかそういうものをまったく無視して、おそらく作られたと思うのですけど、まあそういったものはやめてしまったほうがいいだろうな、というふうに私は思っています。

関西の場合は、伊丹と神戸と関空があって、これは非常に悩ましい問題で、大阪の場合は伊丹の方がアクセスがいいものですから、本当は伊丹に集約したいのでしょうけど、伊丹は住宅地のど真ん中にありますから、非常に騒音問題とかいろんな事があって、伊丹を存続させるっていうのはなかなか難しいなと。なので、橋本大阪府知事も、関空に全てを統合する案が一番有力であると考えていると思います。地下鉄の新線みたいなものができて、それで全部関空に持って行くという方向におそらくなるのではないかなと。で、神戸も伊丹も止めてしまうという方向性が一番濃厚でないかなと私的には思ってます。このまま政権が続けばっていう話ですけども。

それで羽田の問題に行くと、やはり利便性は羽田のほうが圧倒的に良いわけですけれども、羽田はアクセス上の問題をいくつか抱えていまして、道路アクセスでいうとやはり首都高が非常に貧弱であると。これは東京オリンピックの時に無理やり作られたもので、本来は海外からたくさんの観光客及び選手団が羽田空港経由で東京の都心に行くから、まず羽田線ができたわけですよね。なので、羽田線は1号線なわけなのですよ。羽田空港からとにかく東京都心にいろんなところに行ける環状線と羽田線をまず作ると。ということでできたのですけど、あまりにも無理やり作ったものですから、非常にアクセスが良くない。特に都心環状線と1号線が合流する浜崎橋ジャンクションといういつも渋滞しているところがあるんですけれども、こういった構造的な欠陥を抱えていると。しかしながら、C2と言われる中央環状線というのは非常に工事が遅れていて、まだ完成していないと。やっと渋谷と新宿がつながりました、という段階です。しかしながら、品川つまり羽田線ですね、首都高羽田線とC2、中央環状線がつながるのは目処がたっていないというような状況ですが、実はちゃんと渋滞がなくなれば、自動車でのアクセスは非常にいいんですね。

例えば、早朝とか深夜の空いてる時間に六本木から羽田に行くっていうのは、ほんと20分とかで行けますから、非常に近いですね。なのに渋滞してると1時間かかったりすると。1

時間以上かかることもあるということで、車でのアクセスはこれはこれで考えなければいけない非常に大きな問題だというふうに思います。にも関わらず、高速道路無料化とかそういう話が出てくるわけですから、なかなか自動車でのアクセスは難しいだろうな、解決するのは非常に難しいだろうなと思うのですけれども、鉄道でのアクセスっていうのはまだ改良の余地があるのかなというふうに思ってます。

ひとつは、いま京急が蒲田駅の大改良工事っていうのをやってまして、これで都心から羽田へのアクセスは劇的に改善すると言われてますけれども、しかしながら新宿であったりとか池袋、東京の北西から北東にかけたところへのアクセスは全然これでは改善しないということで、こういった人達というのは山手線の浜松町駅で乗り換えて、モノレールを使っているということになりますよね。それ以外のお客さんは空港へのバス、リムジンバスを使っているという状況でやはり渋滞に巻き込まれてすごく時間がかかってしまうと。せっかく距離は近いのに、これが有効に生かせていないということがありますよね。

既存でアクセスを改善する大きい案としてあるのが、すでに東京モノレールというのは親会社がＪＲ東日本となっていまして、モノレールを東京駅まで延伸させる計画があります。しかしながら、東京モノレールというのは、速度がそんなに出ないっていうこともありますし、非常に経由駅も多いということもあって、アクセスにとても時間がかかるという欠点があると。ということで、そこで出てきたのが、羽田新幹線という案なのですけれども、大井車両基地というのが本当に空港から目と鼻の先にありまして、ちょっとだけ路線を延ばせば大井車両基地からすぐに直通できるということがあります。東京駅から直通で、そこに必ず車両基地がありますから回送の新幹線が走ってるわけですけど、これを活用できないかという案なんですね。

すでにこういった回送路線の活用というのは、新幹線では事例があるんですね。ＪＲ西日本が、いま博多南線といいのを福岡県で運用していまして、これができたのは相当前、10年以上前で、もともと博多車両基地というのがあって、そこに回送電車が走ってたわけですけど、そこが非常に陸の孤島的なところで、バスしかアクセス路線がないということで住民が陳情して是非回送線に乗せてくれということで、それが実現したのが博多南線で、２００円くらいだったか非常に安い路線で博多駅まで直通していて、博多駅はビジネス街ですから、そこの人達は通勤とか通学に非常に便利になったという例がありますけれども、これと同じようなことが羽田新幹線という形で実現できないかと、まあいろいろ課題はあると。例えば東京駅の止まる容量の問題とか実際にあるのは確かなんですよね。ただ、品川駅もできましたから、品川駅から東京駅に行く本数を減らしたりだとか、そういったことも活用しながら、わりとダイヤ的には実現できるのかなと。

航空業界と鉄道業界が連携すれば、それぞれの利便性を高める道を探っていけます

問題はですね、大井車両基地から羽田空港までの延伸です。そこである程度のコストがかかるのではないかというふうに言われていますけれども、今ちょうど羽田の再拡張工事もやっていますし、国際線のターミナルの増設なんかもやってますので、そこにうまく相乗りする形で、羽田新幹線というものが実現できれば、非常に面白い話になるかなと思っています。ただ、ＪＲ東海的には、東海道新幹線ってのはＪＲ東海ですから、ＪＲ東海というのはリニアモーターカーを独自資金で、５兆円くらい調達をして、リニア中央新幹線を作るという計画が進んでいて、こちらのほうに全力投球したいということで、非常におよび腰であるという話は伝わってきていると。

であれば、私は東京モノレールの親会社になっているＪＲ東日本がやるっていうのは非常に面白い案かなと思ってますね。例えば、東北新幹線、上越新幹線の終着駅って東京駅ですけれども、東京駅からさらに線路を延伸させて、大井車両基地まで延ばしてしまうと。さらにその後に羽田空港まで延ばすということができれば、非常に北関東というかそっちからのアクセスってものすごく良くなるわけですよね。というのは非常に面白いアイデアかなというふうに思ってます。特に埼玉県とか群馬県とか空港が無いですから当然みんな羽田にいってるわけですけど、現状だと浜松町で乗り換えると。新幹線で東京まで来ても、さらに山手線に乗り換えて、さらにそこでモノレールに乗り換えるという、非常に不便な方法を使って彼らはアクセスしているわけですけれども、そういったものが劇的に良くなる可能性があると。さらに国際線を成田から羽田に集約できれば、すべてそこで事足りてしまうはずなんですよね。そうなってくると、やはりモノレールとか京急の能力だけで、乗降客数をさばけるかどうかという話でいうと、もう1本その新幹線がうまく活用できると、非常にこれは面白い案なのかなというふうには思っています。

　話は実はそこだけでは留まらず、ＪＡＬの再建問題にもこれは絡んでくるのですけれども、そういった鉄道会社と航空会社の連携というものが、日本はあまりにもなさすぎると私は思っているのですね。皆さんご存知の通り、空港まで直通で電車でいける空港って実はすごい少ないんですよ。なぜかモノレールみたいな中途半端な方法であったりとか、バスでしか行けないとか、そういう空港があまりにも多いと。だんだん改善されつつはあるのですけれども、例えば福岡空港だって、福岡市営地下鉄ができるまではまったく陸の孤島であったわけですし、そういった路線というのはいっぱいあるわけですね。伊丹空港だって非常にアクセス悪いですし、そういう鉄道とのアクセスの悪さというのが日本の空港の特徴だと思うのですけども、ここがうまく航空会社と連携できれば非常にいいなと。

そこでＪＡＬがからんでくるわけですけど、ＪＡＬが潰れてしまいますから、これの新しい再建のスポンサーでＪＲ系の会社がそこに名乗りを上げれば、これは非常にうまくシナジーが組めるかなと思っているわけです。これはＪＲ東海でも、ＪＲ東日本でもいいわけですけど、そうすると例えば重複する路線をカットできると。東京－大阪間っていうのは、新幹線にとってはドル箱路線なのですけれど、ようは新幹線で事足りてるわけですから、便数を減らしてもいいと思うのですよね、航空会社は。全く無くなってしまうとこれは逆にいうとバックアップ路線ということで、例えば東海道新幹線が止まってしまったというようなことがあった時に、航空機じゃないといけないと行けないというようなことがありますので、そういう意味ではバックアップ手段としてはあってもよいとは思うのですけれども。まあ便数を減らすとか、夜間に逆にいうと関空－羽田のような便をたくさん飛ばすとか、つまり新幹線が走っていないような時間帯にですね、そういったフレキシブルな運用が可能になります し。地方に行くときでも同様ですね。例えば、ＪＲ東日本はもうすぐ東北新幹線が伸びて新青森駅ができますけれども、こうするとやはり青森空港に行ってる便というのは採算性が非常に悪くなるはずなので、これを思い切って止めることができるわけですよね。

要はもう空港は行かなくてもよいと、新幹線だけで十分だということで、競合している路線の重複を非常に減らして、効率経営がおそらくできるようになるかなと。もう一つはマイレージの共通化ですよね、アクセスする電車と航空機のマイルを共通化してお客さんの利便性を高めると。もう一つは、Ｓｕｉｃａとの完全連携ですよね。そういった特にビジネス路線の飛行機なんかも完全にＳｕｉｃａだけで乗れるようにするとか。まぁそういったことも可能になってくるのかなと。

羽田へのアクセス問題というのは、航空業界と鉄道業界の連携という意味でも、非常に面白い試金石になるのではないかなというふうに思ってます。この辺うまくですね、民主党政権でさばいて、乗降客の利便性が保たれつつ、ＪＡＬの再建も上手くいくという形で進んでくれればいいなというふうに思ってます。

羽田の利便性が増していくというのは、やはり成田不要論というところにどうしても行き着いてしまうわけですが、私としては、成田はその血を血で洗うという抗争が繰り広げられたという歴史はあるのですけれども、まあそういう歴史があるからといって、廃港にしてはいけないという話ではないと思いますので、まあ廃港にするなり貨物専用空港にするなり、なんなりの方法をとることでやはり効率化を図っていかなければいけないのかなというふうに思ってますね。

13章　司法制度改革阻止を目論む検察庁

鳩山首相の献金問題落着で司法制度改革はどう変わるか

巷を賑わしている政治と検察の問題については私のブログでも毎日のように取りあげていますが、民主党の小沢幹事長の周辺で、元秘書の石川衆議院議員の逮捕、周りの人達の逮捕で一挙に小沢氏の周りの政治と金にまつわる問題がクローズアップされることになりました。民主党が政権を取る前の小沢さんの党首時代にも同じような西松建設にからむ問題がありました。大久保さんという元秘書が在宅起訴され、責任を取って党首を辞め幹事長になったという経緯がありました。

鳩山さんが民主党の代表になって選挙に勝ちそのまま首相になりましたが、総理就任後に鳩山さんの政治と金にまつわる問題が出てきました。こちらは鳩山由紀夫さんに限った話ではなく、鳩山邦夫さん、お姉さんにも毎月1500万円くらいずつ渡っていましたが、それを政治資金の収支報告書に記載されていず、個人献金と言っていました。亡くなった人の名義を使い小口に分散して個人献金があったように装っていました。さらに、悪質なことに5万円以下だか10万円以下の小口の名前を記載する必要のない献金に関しても、元々はお母さんからもらったお金ですが、それを分散して分からなくしました。これは客観的に見れば悪質だと言えないこともないです。

どうして個人献金を装ったかというと、母親の資金をもらっていたことを隠したかったのではないかと考えられます。母親からもらうとどうなるかと言うと、1年間に300万円以上だったと思いますが、もらうと贈与税がかかります。贈与税は50%くらい税率がかかってきます。人からお金をもらうと贈与税がかかり、もらった人は税金を納めなければなりません。検察庁などの性悪説で見るとお母さんから総額何億円ものお金をもらっていて、贈与税を払いたくないから偽装して個人献金にしたのではないかと勘ぐられてもおかしくないような事案です。お母さんやお父さんからもらった土地や家を換金できないけれど、税金を納めなければならなくて、泣く泣く先祖代々の土地を売り払っている人達から見れば脱税に思えます。

鳩山由紀夫さんは、うまいこと政治資金規正法違反という微罪で元秘書が在宅起訴され、一件落着という話になってしまいました。普通に検察庁的に考えると脱税で、額も額ですから実刑になってもおかしくないです。しかも非常に悪質な隠蔽工作をしていて、首相自身が捕まってもおかしくない事案でしたが、昨年末に首相が会見してちゃんちゃんで終わりということになっています。これも裏取引があったのではないかと言われています。

検察庁は法務省の傘下にあり、法務大臣の任命権は首相にありますので、鳩山首相と検察庁の間での話し合いは裏であったように言われています。そこで何かの握りがあったのではないかと言われています。それは、民主党が進めようとする司法制度改革はいくつかあり、検察庁は反対の立場を取っています。民主党は反対の立場を取っていて、捜査、取り調べの録音、録画を全部するような可視化といわれていることを成立させようとしています。この提出を見送るのではないかという憶測があります。これは民主党の公約の中に入っているので、政権の3年半くらいの間に司法制度改革が動き出さなければ、裏取引があったのではないかと言われてもおかしくないような事案です。

その後、小沢さんに攻勢がかかってきて、小沢さんと検察との対立が顕在化してきました。テレビに元特捜部みたいな人が出てきて、小沢さんは任意の事情聴取に応じなかったから、ムカついて元秘書を逮捕したのではないかというようなことを平気で言っています。カチンときて逮捕したのは充分あり得る話です。元秘書の逮捕で終わるどうかは、鳩山首相と同じ問題で、司法制度改革を進めるか否かの取引とも言えるのではないかと考えています。どうしてそういうことが起こってしまうかというところに、司法制度の矛盾点が隠されています。

今、表面的に起こっている事件は、政治資金規正法違反で政治団体の収支報告書に適切な記載をしなかったということは認めていて罪自体は軽いものです。わざわざ身柄拘束をすることはないです。検察庁の場合は、直接東京拘置所に捕まえて出しません。どうしてそういった所に捕まえるかというと罪状隠滅の恐れがあると言い、共犯者同士で口裏合わせをしたりとか、証拠を隠したりとか、逃亡する恐れがあるから逮捕するという立て付けになっています。先にある贈収賄の供述を引き出しやすくするための身柄拘束は明らかです。

検察の暴走の怖さをちゃんと国民に知らせなければと思っています

日本の法律は、元々アメリカ、フランス、ドイツ、イギリスなどからバラバラに輸入されている所があり、さらに江戸時代のお上のお白洲的な要素も入って、結構ごちゃごちゃになっています。例えば、アメリカの裁判は日本と同じようですが、全然違い、検察官は選挙で選ばれます。法曹の一元化といい、日本では中途半端になっています。戦前は検察官と裁判官は同じ試験で選ばれ、弁護士は別な試験で選ばれていました。戦後、GHQが入ってきて日本の民主化政策の一貫として、司法制度改革を行おうとしました。

一番有名なのは帝人事件と言い、十数人逮捕して全員無罪になった事件があります。検察庁は結構暴走しやすく、三権分立の司法、行政、立法が分かれていて権力が相互に監視しあうことにより、権力の集中が防がれていると当たり前のように習いますが、つい何十年前までは日本は三権分立をきちんとできていませんでした。今の最高裁判所にあたる大審院という所があり、大審院の傘下に今の検察庁にあたる検事局があり、裁判所と一体でした。つまり、司法と行政が一体化していたのが戦前の状況で不健全でした。そこで、最高裁判所と検察庁が分かれました。検察庁は行政組織、法務省の傘下にあるという形に改められました。さらに法曹の一元化ということで司法試験制度ができ、判事、検事、弁護士が一つの試験を受け法曹資格を取ります。その後、司法修習生という形で司法研修所に行き、1年間の研修後、判事、検事、弁護士に分かれていく形になりました。

しかし、GHQはさらに制度改革を進めて、アメリカと同様に裁判に関わる者は選挙で選ぶような、ローヤー＝弁護士になった後にプロセキューター＝検事だったり、ジャッジ＝判事になったりするようにしたのですが、ある贈収賄の事件があり、検察庁が独自に捜査を進めたところ、ＧＨＱの幹部の汚職事件だったらしく、見逃すかわりに裏取引で、積み残しの司法制度改革を途中で辞めさたと言われています。結局アメリカ式の司法制度改革は中途半端で終わりました。そういうことで、検察庁は権力を維持し続けたというところがあります。検察官の一番の権力の源泉は独自捜査ができるところです。

通常、犯罪捜査は警察組織が行うものです。警察組織が捜査をしたものを検察庁に送検し、検察庁はそれを公正に判断するという仕組みを取るべきです。そうしないと牽制が働きません。具体的に言うと、検察庁の内部にある特別捜査部が独自に捜査した案件があるとすると、自分達が捜査して起訴しようとした案件は、ほぼ確実に起訴しようという話になります。ましてや特捜部が捜査して途中で頓挫することがあってはなりません。自分達のプライドに関わる問題なので、必ず起訴をします。第三者的なチェック機能が働きません。警察が独自捜査をして検察庁に持って行けばストップをかけられるが、自分の所の組織でやっているので牽制がききません。これもＧＨＱの司法制度改革で検察庁の捜査権限を無くそうという話がありました。戦前の帝人事件のような失敗に終わった事件は、検察庁の暴走によって起こっていて危ないので、刑事訴訟法の中から検察庁の独自捜査権を消そうとしましたが、検察庁が粘り返し、条文を残したという話もあります。

一つは検察庁の独自捜査権が問題になっています。その先にあるのが、検察官の公訴権独占があります。公訴権は、起訴する権限で、日本の一部の例外を除いた全ての刑事事件は検察庁が起訴をします。起訴することにより裁判で白黒つけなければならなくなり、起訴する判断が検察庁にあります。事件にするかしないか、そこで不起訴、起訴猶予は実質無罪なわけです。そこであまり社会的な影響がないと検察庁が判断した場合、不起訴処分あるいは起訴猶予処分で事件にせず無罪と一緒です。検察官はそこで選ぶ権利があることを起訴便宜主義と言います。これも検察庁の独自の権力の源泉になっています。

さらに取り調べをするために、身柄拘束をし、共犯者がいて知能犯の事件は必ず拘置所の独房に入れられます。また、接見禁止という厳しい措置がつくのが通例です。これは、面会は弁護士以外できず、1日30分か45分とかの時間の制限があります。新聞雑誌の購読も禁止です。非常に情報が限られた中で独房でずっと一人でいなければなりません。保釈制度がありますが、捜査している事件に対し否認をしている場合、刑事訴訟法の第89条四項にある保釈を認めない条件になります。例えば、有罪になった時、殺人のような懲役何年以上が決まっているような事件で拘留されている人は、一項二項に規定されているように保釈がききません。一番問題になっているのは、四項で証拠隠滅をしたり、口裏合わせをしたり、逃亡したりするような充分な理由がある場合、保釈を認めなくてよいと書いてあります。つまり、否認すると保釈がききにくい状況にあります。そういう状況に追い込まれ、早く出たいために嘘の証言をし、検察庁に迎合してしまう恐れもあります。これは、非常に悪名の高い人質手法と言われています。取り調べの内容は可視化されていないので、こういった手法で誘導尋問をして認めていないのに認めたと言われ、違法すれすれの場合が多いと言われています。本当は司法制度改革をしなければならないのが民主党ですが、阻止したいために必死に抵抗しているのが検察庁の現状だと思います。

メディアの論調や最近の世論調査の結果を見ると、検察の暴走は一般にはとらえられにくいかと思います。当事者にならないと興味関心を持たないんです。検察庁の司法記者クラブに入れるメディアは限定されています。検察庁に不利な報道をすると出入り禁止になるらしく、情報がほしいために検察庁寄りの記事を書きがちであるというところがあります。メディアスクラムを組んで一般市民に対して検察庁寄りのことをやってしまい、そういう報道に慣らされていると問題点に気がつきません。私も関わるようになり知ったので、一般市民に検察の怖さを伝えていかなければならない立場にあると思っています。

14章　メディアの寡占が招く偏向報道

メディアの偏向をもたらす原因の一つは記者クラブの特権にあるんですよ

メディアの集中排除原則は昔からある制度ですが、罰則規定など法的には拘束力のない規制で、事実上無視されてきたのが現状です。具体的に言うと、新聞、ラジオ、テレビなどのマスメディアがある一つの法人の事業体として活動すると、一つの言説、言論に偏ってしまうことを懸念した原則、勧告のようなものが作られています。ただ、メディア業界を見ているとよく分かると思うんですけど、こういった原則は全く無視されています。

海外はメディアの集中排除原則を実質的に律法化して、罰則も設け、一つのメディアグループが新聞やラジオやテレビを持てないようになっているため、偏った報道がされにくい状況にあります。日本の場合は、記者クラブという世界でも類を見ない制度が未だに残っていまして、一次情報源から情報を得るためには、記者クラブに入ることが報道機関であるための最低ラインです。そこは、非常に保守的な組織で新参者は入れないということで、フリージャーナリスト、雑誌ジャーナリスト、インターネットメディアなどは排除され続けてきたんですね。これ世界ではあり得ない話です。

民主党になって記者クラブを開放すると公言しました。一部、岡田外務大臣や亀井金融大臣の記者会見は開放されています。首相と原口総務大臣の会見もその後オープンにしました。元々記者クラブ制度は、明治憲法が発布され帝国議会が開催された時にできた非常に古い制度でして、その時は、与党野党は何回も入れかわっていて、与党よりの新聞、野党よりの新聞と、政権を取った以外の新聞社は全く取材できないことが当時はあったんですね。これでは困るということで、メディア側が両方ともフェアに報道できるようにするためにできた組織なんですけども、これが全国津々浦々、首相官邸から含めいろいろな公的機関、特殊法人、政府系企業とかに至るまで全て記者クラブ制度ができていったんですね。例えば、検察庁に不利なことを書きすぎると入れてもらえなくなったりするので、新聞とか報道が作れなくなって困るので記者クラブのメディアは同じような報道をしがちなんですね。

さらにメディアの集中排除原則が徹底されていないもんですから、新聞もテレビも全く同じような報道をしてしまうし、自分達に不利になるような報道を一切しないというところがあります。例えば、記者クラブ問題は一切報道しませんので、新聞を読んでも多分記者クラブのことっていうのは全然書いていないんじゃないかな。国民は記者クラブ問題っていうのがあることすら気づいてないんですね。世界的に見ても閉鎖的で、メディアの偏向を作り出してしまう歪んだ組織であることも皆さん、気がついていないんですね。海外メディアも入れてもらえないので、この問題をずっと批判してきましたが直らないもんだから、東京支局を解散しつつあります。日本を止めて中国や香港、シンガポールに逃げて、そこで日本の取材をするということで、ますます世界での日本の立場は悪くなってしまう弊害があります。

今回、原口総務大臣は、メディアの集中排除原則を立法化して新たな法律を作り、罰則を設けて実質的に機能するようにすると言ったわけです。新聞社がテレビ局の筆頭株主、事実上のオーナーになっている状況を禁止すると明言したんですね。あるメディア識者によればできないと言っていますが、所轄の大臣がやると言った以上、実現可能性は充分高まったと見るべきですが、記者クラブは自分達が不利なことは報道しないので、こういった発言があったことすら実はほとんど報道されていません。

報道の独占によって、メディアにとって都合の悪いことは国民には報道されない

逆に放送局のグループ化がある意味解禁されてきているところがあって、もともとテレビ局っていうのは地方局の株式を事実上持てなかったんですが、規制が緩和されてきたので、ある程度の持ち株会社化が可能になったんですね。ライブドアによるニッポン放送の買収騒動やTBSの楽天による買収騒動があったので、メディア業界の圧力によって放送法が改正されているんですね。一つ大きな改正は、三分の一以上の株式を一つの特定企業が持つことができなくなったので、テレビ局のオーナーがどこかに買収される危険性がゼロになったわけです。これは官制の買収防衛策と全く同じことになってまして、つまり、社員からずっと上がっていって社長になるような人たちがテレビ局の経営支配の全ての権力を握るということになったんですけども、もう一つの大きな改正は、持ち株会社化をして複数のテレビ局を傘下におさめられるようになったんですね。キー局は地方局何個分とか関西の準キー局っていわれるところは何個分とかって決まっていて簡単に言うと在京キー局一つと地方局を何個とかいった形のテレビ局の持ち株会社化っていうのが可能になったんですね。そういった規制緩和的な要はテレビ業界に有利なことはどんどん報道しますが、原口総務大臣が言ったよ

うなメディアの集中排除原則を立法化するというような不利なことは一切報道されません。

　ご存知の通り、在局キー局と大手の新聞社は非常に強い資本関係で結ばれています。一番資本関係が厚いのは、日本経済新聞社とテレビ東京の関係です。日本経済新聞社が三分の一以上の株式を持っていて、実質親会社になっています。次に多いのがテレビ朝日。これも20%以上の株式を朝日新聞社が握っていると。フジテレビの場合は逆で、産経新聞社の40%の株式をフジメディアホールディングスが握っています。日本テレビは、筆頭株主は読売新聞グループ本社です。一番関係が薄いのがTBSと毎日新聞で、元々はグループでしたが毎日新聞社はほとんど株を持っていません。在局のキー局と新聞社とは同盟関係にあると言っても過言ではないでしょう。

　一番最近よく言われている新聞の不祥事の中で押し紙問題がありますが、ネットメディアや雑誌メディアでは当たり前のように報道されていますが、ほとんどの人は知りません。某巨大新聞社が公称発行部数一千万部と言われていますが、全部読者に渡っているのではなく、そのうちの2、3割は押し紙と言われていて実際に購読者がいない新聞なんですね。なので、実質数百万部と言われています。これは実際に刷ってないのであれば問題ないんですが、刷ったものを販売店が無理矢理買わされて部数を維持していると言われています。売れなかった新聞は販売店が処分をしていると。で実際押し紙問題を告発した販売店というのは非常な圧力を受けて、事実上商売ができなくなるというような事件も起こっています。

これの問題は何かというと、別に刷らなかったのならいいんですが、新聞は広告が入っていて、売上の半分は広告売上なんですよ。広告売上は実売部数ではなくて、発行部数、つまり販売店に渡った読まれない新聞も含めた部数でどうも広告を取っているらしいと。それは新聞に掲載されている広告だけじゃなくて、折込みチラシの広告料もその部数で取っているらしいということが最近徐々に明らかになってきたということで、これは詐欺的手法ですね。実際は一千万部ない、数百万部なのに一千万部出ていますということで広告料金を取る。これが本当であれば、完全な詐欺に当たる行為なんですが、販売店から告発があったにも関わらず、新聞は身内の不祥事のため一切報道しません。テレビ局が資本関係もなく、人事交流もないような組織であれば、当然のことながら押し紙問題を調べて報道すると思いますが、新聞社とテレビ局が系列化しているので報道しません。資本だけではなく人事交流もあり、日本テレビの取締役会長氏家さんは元々読売新聞の出身で、読売の渡辺会長の後輩にあたり、人事交流は強いです。産経新聞もフジテレビの実質子会社ですので、たくさんの人間が産経新聞へフジテレビから行っていますし、たくさんの広告費がフジテレビから産経新聞社に支払われているというような状況があったりとか、まあ他のテレビ局、新聞社も同様ですね。

　これがメディアの集中排除原則が無視されている一番の弊害なんですね。自分達の身内の業界の悪いことは一切報道しない体質になるため、牽制がきかないんですね。さらに、新聞が例えば小沢さんの検察との対決問題で検察を応援するということでいけば、テレビ局も新聞とだいたい同じようなスタンスを取って同じような報道がなされます。本来であれば、社会的に非常に大きな問題になっていることなら、両者の立場に立って公正に取材をして報道すべきです。しかし、検察庁が誰かを逮捕したとなると、逮捕された人間が悪人になり、ほとんどそちらの言い分は出てこないと。

　今回、裁判員裁判が始まったのでフェアに報道しなければならないということで、ポツポツと被疑者被告人側の言い分も出るようにはなってきていますが、まだまだでしょうね。検察庁の権力側の意向に添ったような報道一色になりがちで、国民の知る権利を侵害しているとも言えるわけですね。最近、冤罪事件でDNA鑑定が間違っていて無期懲役だった人が釈放されるなんて話もありましたけど、こういった状況を作り上げているのは捜査機関のミスだけではなく、それを助長しているのはマスメディア、記者クラブメディアだと言えないこともありません。彼らが被疑者側の言い分もちゃんと報道しておけば、世論はそういうものを受けとめて裁判も適切に進められるはずだったものが、刑事事件になってくると、捜査機関側の言い分をそのまま記者クラブ経由で聞いて、全てのメディアが同じような言説で突き進んでしまいます。

まだ皆さんの記憶に残っていると思いますが、オウム真理教の松本サリン事件がありましたが、当初、メディアの報道は全く間違っていて、植物状態になってしまった方の旦那さんがサリンをまいたのではないかと犯罪者扱いでした。後でオウム真理教がまいていたことがわかりましたが、メディアの暴走はこの人が黒だと捜査機関から言われると、その人達を攻撃するような報道一色になるのは非常に危険だと思います。

最近ですと、のりピーの麻薬報道がありましたが、どのチャンネルをつけてものりピーになっていました。社会的にはもっともっと注目しなければならない大事なことがあったはずなんですが、これもメディアの集中排除原則が徹底されていないからこそ競走が行われないで、のりピーばっかりになってしまう。原口総務大臣が改革を断行できるかは未知数ですが、もし断行されれば、日本のメディア業界もフェアな報道ができやすい環境が整うのかと思います。

一方でネット系のメディアが伸びていく中で、マスメディアの力は今後弱まっていくのかと思いますが、そういった中でマスメディアの問題が浮き彫りになっていくと期待する動きもあると思います。

待っていても自然にマスメディアの力は弱まっていくことはありますが、テレビ、新聞は皆さんのライフスタイルの中に完全に浸透しているので、大きな事件が起きるとテレビや新聞をあてにする人はまだまだ多いですから、私は改革が必要ではないかと思います。

15章　iPadなどタブレット端末で書籍やテレビが変わる

iPadが進化したら、いずれパソコンを手放すかもしれない

先ごろキンドルの日本版が出たというニュースがあった後に、iPadのニュースなども入ってきたりして、今後徐々にタブレット端末が広がってくるという段階に来ています。タブレット端末と言われる、タッチパネル型の中にコンピュータが入った端末というのは、以前からあるんですけれども、まず多分私が普及のポイントになるな、と思っていたのは、iPhoneみたいに3G回線、要は高速ネット接続できる携帯電話網の存在っていうのは結構大きいんじゃないかな、と思っていまして、以前はパケット通信とか、全部有料とか従量課金制でしたけれども、そうではなくて、定額制のパケット通信が割と日本でも全国に普及し始めたのってこの3年ぐらい前の話であって、その頃からイーモバイルであったりとかN

TTドコモであったりとかが、そういった定額制の高速ネット接続できるデータカード、SIMカード付きのデータカードを出し始めて、パソコンが常時接続できるようになったと。

そういったベースがあって、全世界に3Gネットワークっていうのが広がっていって、以前に比べるとそこそこ使える、接続状況が良ければADSL並のインターネット接続といったものができるようになって、インターネット常時接続っていうのは、私はインターネット普及の一つの条件だと思っていたんですね。

私がインターネットビジネスを始めた1993年ぐらいというのは、常時接続をしているところはほとんど無くて、常時接続してても非常に遅いと。携帯電話で言えば3Gじゃなくて2Gの時代ぐらいのスピードで、ものすごく遅かったわけですけど、それでもやっぱり常時接続できているのと、できていないのとでは、インターネットへのWebブラウジングとか、メール送受信とか、そういった物の使い勝手が違ったわけですけど、それがADSLの普及、そして光ファイバーの普及で、2000年代になって、インターネットが急速に普及したのは、そういった物が安く提供されたからですよね。パソコンもすごく売れたし、みんなが普通にインターネットを使うような時代になったわけですけど、それが2006年から2007年にかけて、日本でもブロードバンド時代、無線ブロードバンド時代になってきたと。それは3G回線が普及したことが大きなきっかけになったわけですけど、無線で常時接続できるモバイル端末という物が成立するようになってきたわけですよね。

　もう一つはバッテリーの進化。ふつう携帯電話に入っているようなリチウムイオン電池、昔はすぐ電池は切れていましたけれども、これが高性能、高容量になってきて、電池が割と持つようになってきたと。これには実はCPUの進化も無縁ではなくて、以前の例えばパソコンに入っていたインテルのペンティアムプロセッサーなんていうのは、ものすごく電力を食うんですね。だからノートパソコンの後ろを触ると熱くなっていたりとかしますけど、あれは非常に電力を消費して、電力がCPUパワーにならなかった部分が熱として放出されてるんですけど、要は非常に電力を無駄に使っている訳ですよ、熱に変わっているってことは。そういった電力を浪費してしまうようなプロセッサーが昔は主流だったわけです。電気は使ってもいいけどスピード重視、というのが以前のコンピューティングだったわけですけど、最近のCPUっていうのは非常に省電力性、電力をあまり使わないということが重視されてきていると。というのはやっぱりプロセッサーの進化、スピードがものすごく早くなったと。なので余裕ができて、省電力設計がやりやすくなったってことが挙げられると思うんですね。

　そういった電池やCPUの進化、そして無線ネットワーク、無線ブロードバンドネットワークが普及したことによって、初めてそういったタブレット端末というものが普及する素地が出来上がってきたのかなというところがまず挙げられるんじゃないか、というふうに思います。で、世界で一番最初にうまく行き始めたタブレット端末というのは、アマゾンが出しているキンドルという端末で、英文中心の書籍が読める、日本でも買える、全世界3Gネットワークの使用料はタダで書籍をいつでも購入することができる、というのがキンドルの特徴なんですけれども、しかもですね、省電力設計になっていて、画面表示も液晶ではなくてイーインクという技術を使っていまして、ま、原理は詳しくは説明しませんけれども、非常に紙に近い質感を得る事が出来ると。

これ面白い人がいて、その画面をコピー機にかけた人がいるんですけど。コピー機にもちゃんと写るんですよ。液晶の画面だったら、コピーしても液晶の画面のところ、真黒になるはずなんですけど、キンドルの画面ってのはイーインク、いわゆるインクを使っているわけですから、実際にコントラストがちゃんとしていて、コピー出来るくらい紙に近いってことですね。

欠点としては、リフレッシュと言って、ページをめくるような動作をする時に、一秒くらいかかって、ちょっとのろいっていう欠点はありますけれども、非常に電力消費も抑えられていて、本を読むには最適な端末というふうに言われていますけれども、ここにきてですね、アップル社が新しいiPadというですね、iPodに名前は似てるんですけれど、パッドですね、「板」という意味ですけど、iPadというタブレット端末を発表しました。

いわゆる無線LANでしかインターネットに繋げないWi-Fiモデルと、携帯の無線ブロードバンドネットワークに繋げられるWi-Fi+3Gモデル、2つのタイプが発売されます。

3G回線の利用はおそらく基本的に定額制になると思います。定額制でインターネットにアクセスし放題。そしてOSは、iPhoneとまったく同じ物が積まれます。でiPhoneよりも画面が広くて、9・7インチの液晶が入るんですけども、非常に大きいということで、自由度が上がるのではないかと。iPadならではのアプリケーションっていうのがたくさん出てくるんではないかなというふうに、言われています。

CPUプロセッサーも、私が先ほど言ったとおりですね、Apple A4という専用のプロセッサーを積んでまして、こちらの方は非常に省電力設計になっていて、アップル社側の公式発表だと10時間連続動作を出来ると、非常に長い連続動作が可能になった端末であると言われています。

これまでどおり、App storeでアプリケーションを購入、あるいはフリーでダウンロードできるような仕掛けになっていくと。欠点を挙げるとすれば、いまだにですね、iPhoneもそうなんですけど、Safari（Webブラウザ）上で、Flash（動画、ゲーム、アニメーションが見られるアプリケーション）が使えないという制約はあるにせよ、非常に快適なコンピューティング環境というのがiPadで提供されるのではないかな、というふうに思っています。

iPadでは、バーチャルキーボードと言って、iPhoneにもタッチパネルのキーボードが付いているんですけど、これが9・7インチの液晶で、かなり大きなサイズで提供されるようなことになりますので、おそらく普通のキーボードと同じように両手でタイピングができるようになるんではないかなというふうに言われていまして、私なんかはですね、パソコンの用途っていうのはほとんどiPhoneで事足りていまして、Webブラウジングも、メール閲覧も、ブログを読んだり、Twitterをやったりとか、こういった事もですね、全部私はiPhoneでできるようになっているんですね。

唯一パソコンを使っているのは、ブログの更新だったりとか、本の原稿を書いたりとか、雑誌の原稿、あるいはメールマガジンの原稿を書いたりとかする作業をやっているだけで、あとのほとんどの作業はiPhoneで出来るようになっていますけれども、iPadがもし、キーボードのタッチのスピードが普通のキーボード並になるってことになれば、私はもしかしたらパソコンを手放してしまうんじゃないかな、と思うぐらい、非常にiPadっていうのは期待ができる端末なのではないかな、と思っています。

iPadのアプリケーションはApp storeで買えるわけですけれども、こちらの方は、フラッシュが使えなかったりとか制約が厳しいと。これは多分ですね、私はアップルの戦略の一つなのではないかな、というふうに思っています。というのは、あまり有象無象のアプリケーションがたくさん出てくると、ユーザ側が選別するのが難しくなって、逆にマーケットが崩壊してしまうんじゃないかな、という懸念があると思うんですね。

実はですね、ずっと昔にこれはゲーム機の世界なんですけれども、アタリっていうゲーム機があって、こちらの方で、ゲームを作る人達をすごく広く募集をして、クオリティーコントロールをしなかったので、いわゆるクソゲーって言われる、あまり面白くないゲームがたくさん出て、それで市場全体が沈んでしまったっていうことがありまして……。

ていうのは、アプリを買えるような人達っていうのは、一か月にこれだけしかお金が使えませんていうのは、ある一定のパイがあると思うんですけど、それをそのクソゲーで浪費してしまって、逆にユーザの支持を失ってしまったという現象があるんですね。なのでその後に任天堂がファミリーコンピュータを出した時は、非常に厳しくソフトウェアのクオリティコントロールをやったというふうに言われています。ゲームメーカーも厳選して、面白いゲームを作らない会社は入れない、ということにして、ある程度のクオリティコントロールをした結果、成功したんじゃないかな、というふうにも言われているぐらい、その辺のサードパーティーと言われるアプリケーションベンダーっていうのは、ある程度アップル側でコントロールしたいというふうに思ってるのかもしれないと思います。

紙にこだわる人は一部だけ。電子書籍の登場は出版の仕組みを変えます

ｉＰａｄというのはアプリケーションだけではなくて、電子ブックリーダーのｉＢｏｏｋｓっていうプラットホームが用意されていまして、いわゆるキンドルと同じように電子書籍を売るサービスになる予定なんですけれども、こちらの方は、日本ではまだ開始の目途が立っていないということで、既存の出版流通業者との調整があまりうまくいっていないというふうにも言われていますけれども、私はこれをきっかけにですね、いわゆる出版社が著者を

支配するというか、流通と著者をですね、結びつけているという機能が、一気に崩壊するんではないかな、というふうに思っているんですね。

というのは既存の雑誌とか新聞をそのままiPadで読むようになるかというと、私は結構微妙なんじゃないかな、というふうに思っています。なので、どちらかというとそういったiPadのような電子端末、タブレット端末に特化した形のコンテンツを作っていくというのが、これからもしかしたら主流になっていくのではないかな、というふうに思っています。そういった動きをですね、読者を確保している著者、有力な著者の人達がそういった動きを加速していくのではないかな、というふうに思っています。

実際にですね、マンガ家なんかは割とそういった動きをする人達が増えて来ているんですね。例えば、人気マンガ家で『ブラックジャックによろしく』とか『海猿』とか、そういった人気マンガを書いている佐藤秀峰さんって方は自分でオンライン書籍販売サイト、マンガ販売サイトを立ち上げて、デジタルコミックの配信を実験的にやっているというような事もありますし、こういった方々が、iPadが出たことで大挙して電子書籍をそこで販売すると、ダイレクトに販売するという動きをやってくる可能性があると。またさらにそういった佐藤さんのようなリーダーシップを取る人達にですね、他の有力マンガ家が賛同して付いて行ってしまうという可能性が高いんだと思うんですね。

これまでは、今の既存の大手出版社の収益って実はマンガが支えているんですね。三大出版社って言われる、集英社、小学館、講談社の中で唯一、去年の決算が良かったのは集英社なんですけど、集英社のこの収益を支えているのは何かっていうと、『ONE PIECE（ワンピース）』というマンガ一つなんですよ。これはまあ三百万部売れたとかっていうふうに言われてますけれども、こちらの方がものすごく大きいと。つまり現状、大手の出版社ってみんなマンガに支えられているということは、マンガ家が出版社からいなくなるような事態になれば、これは結構大変なことなんじゃないかなというふうに思っています。

さらにこういったマンガ家に有力な編集者が一緒になって付いて行くというような現象が今起こっていまして、この人達が独自の小さな出版プロダクションを作って、電子書籍でアマゾンやらアップルやらのプラットホームで配信するということになれば、完全なる中抜きでみんなその端末で読むようになる可能性ってのは、私は高いと思っているんですね。紙にこだわる方たくさんいらっしゃいますけれども、主にこだわっているのは、出版業界の中の人達なのではないかなと。出版、新聞業界の中の人達が紙の愛着がものすごく強いんですけれども、実際ですね、私もだんだん、雑誌やら本やらっていうのを読まなくなってきていて、できるだけネットの方で読むようになってきているということがあります。著者の方って紙に愛着ある方ってもちろんいらっしゃるんですけど、紙でどうしても原稿というか本を読みたければ、オンデマンド出版という業態というか形もあります。多少単価は高くなるんですけど、好きな時に印刷して読むこともできますので、そういったものも含めて、こういったタブレット端末が急速に普及していくと私は予測していまして、特にｉＰａｄは日本で急速に普及する可能性は高いと思っていますので、こういったものが普及してくると、これはとんでもないことになるなと。出版業界のあり方っていうのが大きく問われるような事態になってくるのかな、というふうに思います。ほんと紙の本っていうのは無くなりはしないですけれども、テレビが出て来てラジオが縮小均衡になったように、こういった新しい技術が出てくると、既存の紙を扱う業界っていうのは縮小均衡になってくるだろうなって思いますね。

特に、本とか雑誌を買っちゃうとですね、本棚を占領しちゃいますし、今の人達ってのは、どっちかっていうとそういったものをブックオフとかヤフオクとかに、リサイクルですぐ、売る傾向もありますので、まさにデジタル時代のライフスタイルっていうのに適合してるんではないかというふうに思っています。こういった物が普及することによって、大きく変わるんですけれども、さらに、この業界、戦国時代になってくると思うんですけど、もう一つ

Ｇｏｏｇｌｅっていう大きなプレイヤーがいるんですけど、彼らもおそらく参入してくるだろうなと。

Ｇｏｏｇｌｅについていえば、特にそのＦｌａｓｈをｉＰａｄに搭載できなかったアドビ社、アドビっていうのは元々ＰＤＦとかそういったものを開発した、いわゆるアウトラインフォントって言われる電子出版にはなくてはならない技術を開発した会社なんですけれども、こちらあたりと組んでですね、ｉＰｈｏｎｅはまだアダルトコンテンツをオフィシャルに認めてませんけど、こういった素材というかこういった端末が普及するのに大事な要素として、そういったアダルトコンテンツってのも有りますので、私はＧｏｏｇｌｅが、その後の台風の目になってくるんではないかな、ということでですね、今後こういったブロードバンドインターネットに繋げる電子ブックリーダーのようなタブレット端末の動きというのは目が離せないなと。

でも私はこの動きっていうのは、タブレット端末だけにとどまらず、テレビとかそういったもっと大きなデバイスにも効いてくるんではないかと思います。日本の家電メーカーも、なんか「アクトビラ」とかいったインターネット機能が付いたテレビなんか出していますけど、世界の流れと全く断絶したいわゆるガラパゴス的な端末に成り下がっているということがありますので、アップルであったりＧｏｏｇｌｅであったり、こういった会社がテレビにまで進出してくるんではないかなと。

つまり、ｉＰｈｏｎｅが大きくなってタブレット端末ｉＰａｄになって、更にテレビになってしまうというような時代っていうのは、もうそこまで来ているんではないかなと。しかも無線インターネットで動画もさくさく見れるというような時代がもうそこまで来てるというふうに思っています。

16章　シーシェパードのテロ的な行為

海外の紛争は思想的対立によるゲリラ戦の時代になってきています

反捕鯨団体のシーシェパードは最近、妨害行動がエスカレートしています。度重なる抗議行動が問題になっていて、新しいところでは液体入りのビンを南極で調査捕鯨を行っていた日本の捕鯨船団に投げ込んで騒ぎになっています。法律の問題もあるでしょうが、明らかに犯罪行為、海賊行為なので逮捕して連行するなりをせざるを得ない状況にいっているのかと思います。日本人の海外行動でのいろんな問題が発生することは、これまであまり無かったと思うんですよね。いわゆる一般的な犯罪に巻き込まれることはあったにせよ、あとはゲリラにやられるとかいったことがあったにせよ、比較的犯罪が少ない平和な時代に生きてきたわけです。グローバル化の流れとインターネットの普及が一つの引き金になっていると思うんですが、思想的な対立によるゲリラ行動的なものは非常に増えてきているというのが私の印象です。

以前は海外での紛争というと、戦争のことでしたが、世界を見渡すと戦闘状態が常時続いているような所は非常に少なくなってきています。しかも、ベトナム戦争以来、戦争の本質が変わってきてゲリラ戦の時代になってきています。それまでは大量な訓練された軍隊によって軍事勢力同士が衝突するやり方が主流だったわけですよ。工業国で資産を持っている強い国、いわゆる帝国主義的な所が資産や資源に劣る国をどんどん負かしてきたというのが、朝鮮戦争くらいまでの時代でした。ベトナム戦争でアメリカが敗退したのはゲリラ戦でした。圧倒的に物量で負けている北ベトナム軍が、なぜ勝利ができたかというと、ゲリラに完全に徹底したことでした。その後、周りの超大国等と対立する国はそういったものを真似てきたんだと思います。

戦争なり紛争というのは基本的にはイデオロギーの対立で、お互い正義だと思っていて、相手が悪だと思い込んでいますからどうしようもありません。今のアメリカとイスラム勢力の戦いは、お互いがお互いを憎悪しあっています。アメリカ軍はイスラム原理主義の人達は考え方が間違っているから、武力で叩き潰して間違っていることを教えてあげたいと言っているし、イスラム原理主義の人達はアメリカの堕落した資本主義を打倒するといっている。両方とも自分が正義であり相手の正義を絶対に認めないところで対立が起きているわけです。以前は、シンプルで最終的には大規模な戦争になり、勝ち負けが付き、占領され、相手側のイデオロギーに染まってしまうのがこれまでのパターンでしたが、ゲリラ戦が有効なことが分かり、対立する勢力同士の片方が劣勢であっても、それに対抗する術が動いたことが状況を複雑にしているわけです。イスラム原理主義勢力の戦いでは、アメリカはかなりな痛手を受けています。

例えば、9・11のアメリカの貿易センタービルに飛行機がぶつかり、今までになかった形のテロというものが出てきたわけですね。これはベトナム戦争に始まるゲリラ戦が有効だという話からつながっていて、その後、あるアメリカ人がRSAの公開暗号化という画期的な発明をします。今のインターネット上の暗号通信に全て使われている暗号の仕組みです。暗号は戦争には非常に重要で、日本軍が負けた一つはアメリカ軍に暗号表を入手され、暗号を全て解読されていたのが原因ではないかという話があるくらいです。ドイツ軍が第二次世界大戦で快進撃を続けていたのもエニグモという優れた機械式の暗号生成器があったからと言われています。イギリス・アメリカ連合軍により拿捕されたUボートからエニグモが出てきて、解読されたためにドイツ軍が負け始めたと言われるくらい軍事的には暗号は重要です。公開鍵暗号の仕組みは、これまで暗号表を使っていた秘密鍵暗号と違い、暗号表を交互にやり取りする必要がないんです。お互い公開鍵暗号と秘密鍵暗号の二つのペアを持てば、暗号通信ができるという非常にすぐれた仕組みなんですね。例えば、世界中に人口60億人いますが、60億人なら60億のペアの鍵ですむんです。秘密鍵暗号なら60億対60億の組合せで無限の組合せがあります。それごとに別の秘密鍵暗号が必要で、天文学的な鍵暗号が必要なのと最初に秘密鍵暗号をやり取りしなければならないという致命的な欠陥があるわけですね。それが公開鍵暗号は、常に自分の公開鍵暗号は誰でも相互に見られる状態で、自分の秘密鍵暗号で暗号鍵をかけ、相手の公開鍵暗号で鍵をかけます。相手にそれを送ると、私の秘密鍵暗号で鍵をかけた暗号は、相手側の知っている私の公開鍵暗号でしか開けられません。再度、公開鍵暗号は、相手の秘密鍵でしか開けません。

一見複雑な仕組みですが、これを開発したのが、RSA会社の源流です。この鍵自体は特許が切れましたが、この重要性に気づいたアメリカ政府はRSA暗号鍵のソフトウェアとしての輸出を禁止したんです。アメリカ政府はすごく賢かったと思います。これこそが現代のゲリラ戦を可能にしている一番の原因なんです。

アメリカという国の面白い所は、通信の秘密のプライバシー権は人権の中でも非常に重要な問題で、政府に関与される問題ではないという運動をする人がいます。電話の盗聴などもその鍵があればされても分からないわけですね。運動をしていた人が開発したのがＲＳＡ暗号鍵の仕組みを使ったＰＧＰ（プリティグットプライバシー）です。ＰＧＰ鍵を海外に輸出するのは、アメリカでは違法です。彼はプログラムのコードを本にし、書籍として輸出したから合法なんだと、それで世界中にＰＧＰは流出してしまったんですね。またたく間にＰＧＰは普及し、ＲＳＡの暗号鍵も仕方ないので輸出することになってしまったんですけども。

これはロケットの開発の話とかぶります。アメリカがいつも考えるのは、世界に拡散してしまった物はもう仕様がないから商売にするしかないと。ＲＳＡ技術は世界に売り込まれ、ベリサインという会社がアメリカにでき、大きな収益を上げています。暗号が使いやすく手軽になり、当然テロリストにも渡っています。オサマ・ビンラディンがどこにいるか、なかなか分からないというのも全て暗号により解読されないよう通信をしているので、傍受ができないんですね。今の軍事衛星は人の顔まで判別できる精度になり、無人偵察機もたくさん飛ばしているので、テロリストは地下に潜りいろいろな偽装をし、動いているようです。今アメリカ軍に見つかると、無人偵察機がいつも回っているので、アメリカにある軍事施設でリモートモニタリングをしながらミサイルを打ったりできます。いきなり空からミサイルが降ってくることも現実的にはありうる非常に恐い時代になっています。それにも耐えてテロリストが活動しているのは、公開鍵暗号によるところが非常に大きいんです。さらに、資金を集めるのもウェブサイトを開設することにより、世界中から匿名で簡単にできるようになりました。資金提供者とのやり取りもメールで簡単にできるようになっています。

海の上の違法行為に対しては日本は毅然と抗議すべきです

いくら検出しても暗号化されたメールは中を覗くことができません。同じように海の上で行われる海賊行為も取り締まるのが難しいです。暗号通信も駆使して、最新機器もエレクトロニクス技術が発達し、どんどん安くなっていますから、パソコンなんて今2、3万円で買える時代ですから、テロリストも当然簡単に買うことができると。GPS、加速度センサーなども安価に買うことができ、インターネットの普及で武器も簡単に買えます。

こういったことが拍車をかけて、今、海賊行為が広まっています。特に、スエズ運河を通り、ヨーロッパからアジアに至る航海の航路のちょうど通り道のため、無政府状態になっているソマリア沖には非常にたくさんの海賊がいます。海賊を取り締まるのも漁船に偽装したりしているため、海の上では見つけにくいんです。そういった所にタンカーを走らせている国の護衛を日本もしていますが、護衛自体も難しいと。逆にテロリストの方がいい武器を持っていたり、また、日本の海上保安庁は専守防衛で、先に打てないので打たれて初めて打ち返せるので、弱い守りしかできません。

陸のテロリストより海のテロリストの方が取り締まるのは難しいことを上手く利用し、シーシェパードは日本の調査捕鯨を止めさせようとしています。彼らにとっては、頭がよくて人間に近い鯨を殺すのは許せないと本気で思っているわけですね。同じように日本の調査捕鯨をしている人達も自分たちは鯨を取っているだけだと、何で邪魔をされなきゃいけないんだと、両方ともイデオロギーの対立なので、如何ともしがたいわけですね。調査捕鯨は、国際的なルールにのっとって日本政府および漁業関係者が行っている活動で、国際法上は問題ない行為のはずなのに妨害していること自体は海賊行為です。日本政府は毅然とした対応をしなければいけないし、北朝鮮のように拉致をする国に対して毅然とした処置をとっているのと同じように関係各国にもとらなければなりません。

シーシェパードのやっている妨害行動の本質はテロと大差ないにも関わらず世界のあちこ

ちで支持も受けています。そういう人達が一定数いることは事実ですが、それを認めることが国際社会の秩序を乱すことになるのは間違いないです。殺人をしてもそれを野放しにしておくのと同じで、国の中の警察の問題で言えばあり得ない話なので、国際社会としても認めてはいけないと思います。

資金があるからこそ海賊行為ができているので、関係諸国に日本政府として激しい抗議をして、銀行口座を差し押さえるなどして資金源を止めなければなりません。もう一つは、海上保安庁や海上自衛隊が護衛をして、海賊行為がないよう生命を守るような原則的なことを是非やって欲しいと思います。

しかしながら、ITエレクトロニクス技術の発達は止めがたいことで、シーシェパードが120%活用しているのは間違いないのでこちらの方の対策は難しいです。とはいえ、テロ行為を野放しにしておくと問題になるので、予防的な措置を考える必要があります。

対立しているイデオロギーは仕方ないとしても、海賊行為が違法行為であるのでよくないことは当然分からなければならないので、時間をかけ、シーシェパードを支援している人達やメンバー達を教育していくことが必要です。鯨を殺すなという運動をやることは自由ですが、武力行為に訴えるのは非常に卑劣な手段ですので、これはイスラム原理主義のテロ行為も同様ですから慎むべきかと思います。日本は啓蒙活動をして、もっと理解を求める姿勢も大事だと思います。

17章　宇宙開発・民活への可能性は

宇宙開発競争の末、アメリカはロシアの船を使わせてもらうことになります

アメリカでは宇宙開発が官から民に移行しつつありますが、元々アメリカはいわゆる工業国で大規模輸送装置、輸送機器の企業を応援していって国として発展していったという歴史があるんですね。古くは自動車で、各種機械はアメリカで工業化された製品が多いんです。例えば航空機もそうで、航空宇宙産業はアメリカの基幹産業ともいえる産業なんですよね。宇宙開発は軍事と不可分な物でして、アメリカのロケットの技術は、元々ナチスドイツの時代にV2という新型兵器としてミサイルを造ったわけですが、ロケットとミサイルは先っぽに衛星を乗っけるか弾頭を乗っけるかの違いだけであって、本質的には同じものなんですよね。V2ロケットの技術はロシアにも行ったし、アメリカにも行ったんですけれども、この

技術がベースに作られていたと。ちょうど同じ時期に開発された核爆弾をミサイルの先に乗せると、世界中どこにでも打ち込める大陸間弾道ミサイルができ、軍事的に圧倒的に優位に立てるというところから開発競走が始まったわけですね。

米ソ間スペースレース、宇宙開発競争と言われていたんですが、アメリカがアポロ計画で月に人を送り込み、一定の決着がついたと言われていますが、すでにその前に決着がついたとも言えるわけですね。ソ連とアメリカの両方ともロケットの打ち上げに成功し、核開発はソ連の方が遅かったんですが、先にソ連が大きなロケットを作ってスプートニクショックがありました。世界初のスプートニクという人工衛星を打ち上げることができたと。その段階でアメリカは射程に入っていました。同時期に開発された原子爆弾をその先に乗せれば、アメリカも爆撃できるということで、アメリカもお尻に火がつき、それから何ヶ月後かにエクスプローラー1号というアメリカ初の人工衛星を打ち上げました。いわゆる軍需主導型の宇宙開発だったわけですが、アポロ計画の時、同時にベトナム戦争という別の大型プロジェクトが進んでいました。でも、ベトナム戦争は最終的には負けてしまうわけですね。アメリカ国内には厭戦ムードが広がり、あおりを食ってアポロ計画も止めろということになってしまいました。アポロ計画は史上最大の公共事業なんですね。何十万人という人がテキサス州やフロリダ州で働いていたわけですが、職がなくなるから、続けなければならないということでスペースシャトル計画が始まります。日本の公共事業でダムを作ったり箱物を作ったりと全く同じで、その人達の産業を維持するためにやっているようなものだったんですね。薄々みんな気付いているんだけれども、公共事業が無駄と気づいてもなかなか止められない日本政府と同じで続いていったんです。特に共和党政権は、日本でいうところの自民党政権に非常に近いため、企業寄りの政策をとるということで、ずっとばら撒きを続けていったわけですが、民主党政権に変わり、事業仕分けがされたということで、NASAに付いていた巨額の予算は減らさざるを得ないことになりました。政府の債務を減らせるものから減らそうということで、オバマ大統領の決断でNASAの有人宇宙計画は全てストップされました。

元々スペースシャトルの後継の計画としてそれは始まりましたが、スペースシャトル計画は予算がかかりすぎ、完全再利用ができる地球と宇宙を往復する宇宙船ということだったコンセプトが全く崩れてしまい、以前のアポロ型のように使い捨ての宇宙船よりもコストが高くなってしまったと。一例を挙げればスペースシャトルの機体のオービターという飛行機の底面に貼られている耐熱タイルはもろく、曲面のタイルのため全部形の違うタイルを一つひとつナンバリングして品質管理をしたりとか、再利用するにしても手直しが必要で、エンジンも全部オーバーホールしたりしてまた組み立て直さなければならず、コストダウンどころかコストが何倍にもなってしまったと。

もう一つは2回も大きな事故をおこしてしまい、乗員が14人も死んでしまったため、2回目の事故では計画は失敗だったということを認めスペースシャトル計画を止めることになりました。止めることになった後、再利用型のアポロ型の宇宙船がいいということで、後継のコンステレーション計画が始まります。あと何年かで耐用年数がくる予定のISS（国際宇宙ステーション）を放棄し、月に基地を作り火星を目指す計画をブッシュ大統領が打ち出すわけですが、これこそ壮大な公共事業に他ならず、再利用型ではなく使い捨て型のコンセプトは安定的で非常にいいんですが、使われる宇宙船のアレス1、アレス5は、ロケットがいびつな形をしたもので関係者からは「飛ばない」と言われるくらいの良くないプロジェクトでした。公共事業であることは間違いないため、スペースシャトルを作っていた人達が職をなくさないように、スペースシャトルの横に付いている固体ロケットブースターを改良し、さらにアポロ計画で使った2段目のエンジンを乗せるといういびつな計画になってしまっていたんです。評価も低く、これが中止に追い込まれたのはいい決断でした。

とはいえ、国際宇宙ステーションはアメリカも協力して乗員や物資を送る義務があります。

スペースシャトルはあと3回で終わるんですね。そうなると、アメリカ独自の有人宇宙飛行の手段を持たなくなるため、今回の決断は非常に重要な意味を持つものでした。有人宇宙飛行はとりあえずロシアのソユーズを使わせてもらうことになります。商用でお金を払い宇宙飛行士を乗せてくれる宇宙船はソユーズしかありません。世界で有人宇宙飛行ができるロケットを持つ国は、ロシアと中国だけです。中国は国内の宇宙飛行士を宇宙空間に送るのが精一杯の状況で世界に売る状況には至っていませんので、ロシアだけです。しかしながらロシアもいつ代わりのロケットができるかわからないので、工場を増やそうとしないんですね。そのかわり、値段を上げてきています。今まで、ソユーズでお金を払って宇宙旅行に行ったのは日本人では、TBSの企画で行った秋山さんでした。その当時ロシアの宇宙庁に払った一人当たりのコストは15億円くらいだと言われています。それを見たアメリカのベンチャー企業がスペースアドベンチャーズという会社を作り、今までにソユーズで金持ちを有料で7人宇宙に送り出しています。最初1人18億円くらいだったのが、今はどんどん上がり32億円くらい取っています。アメリカが自分のところでスペースシャトルを打ち上げられなくなったものだから、民間にも売ってるんなら、俺らにも売れということで、それを上回る金額で契約をしちゃったんですね。ということで、ロシアはアメリカが自分たちに頼むしかないということが分かっているので、値段はいくらでも釣りあげられるんですね。これから益々値段はつり上げられる状況に追い込まれつつあります。

宇宙開発を民活に踏み切ったアメリカに日本も見習うべきところがあります

アメリカはそれなりに考えていて、今は軍事開発競争、スペースレースとしての宇宙という時代ではないと言いましたが、実際には実効力としてミサイル技術の拡散を防げませんでした。ソ連が崩壊し、ロシアになる時に深刻な財政危機になり、自国のミサイル技術を第三世界に売ってしまいました。イラン、インド、北朝鮮、エジプトが打ち上げているスカッドミサイルは有名ですが、あれは元々ロシアの技術です。北朝鮮のテポドンやノドンは元々スカッドの技術を独自技術で大型化したものです。すでにたくさんの国が独自の技術で打ち上げられるようになったわけですよね。それを政府部門が独占しているのは意味が無く、止めても拡散を防げませんので、民間にやらせてコストを下げ、たくさん売って、大きな会社の利益で税収をアメリカ政府に納めるようにしようと方針転換をしました。

昔は、アビオニクス系というコンピューター機器が非常に大型で、それを打ち上げるために大型のロケットが必要だったという事情がありましたが、今は、電子部品がものすごく小さくなり普通の民生用の秋葉原で売っているような部品で宇宙に行けるような時代になりました。衛星や宇宙船が小型化しているので、打ち上げロケットの能力も小さくてすむという時代になっているというのも民間が開発しやすくなっている一つの理由です。アメリカはコンステレーション計画のバックアップ計画として、COTS計画というのをやってまして、二つの会社が補助金をもらっています。そのうちの一つがスペースXという会社です。去年ファルコン1という独自の宇宙船で衛星を軌道上にのせることに成功したロケットがあります。こちらに国経由のNASAからたくさんの補助金が出ています。こちらはその後も何回もロケット打ち上げに成功させていて、今年中にはファルコン9というさらに大型の有人宇宙船を打ち上げるだけのキャパシティを持つロケット打ち上げを予定しています。

さらに、アメリカはアレス1、アレス5のロケット開発中止を発表したと同時に、以前から企業を募集し、CCdev計画という有人宇宙飛行を民間にさせるプロジェクトにも補助金を出すことを決めています。まだまだ5千万ドルという小さい金額ですが、5社くらいに配置することを決定しています。なかでもブルー・オリジン社はアマゾンを創業したジェフ・ベゾス氏が出資をしているオーナーの宇宙船開発企業です。これまでは、政府が主導でやってきたため、コストを安く衛星および人を宇宙に打ち上げるコンセプトが出てきづらかったです。政府がやる以上は新しい技術で他の国に負けないようにとやってしまうため、高性能なものを求めてしまうと。しかしながら、高性能なものを作るのも、ものすごくコストがかかってしまうんですね。例えば、先日民主党によるスーパーコンピューターの事業仕分けがありましたが、ほとんど予算がゼロになるような流れで進んでいましたが、並列のコンピューティングをすればあの何十分の一というコストでできるのですが、少しでも外国より早い特殊なものを造ることによって競争力を維持するというお題目のもとに政府からの予算をじゃぶじゃぶ使われる傾向にあるのは間違いなくて、それを国民や世界が欲しているのかというとそうではないと思います。

ロケット開発も同様なことが言えるのかと思います。これまでのようなスペースシャトルのような公共事業的な性格も持ち、高い技術を求めるということになるとやはり巨額の費用がかかってきます。民間企業はあくまでも採算をとって儲けることが前提にありますので、安く安全に衛星を送るということに特化した形でのロケットエンジンを作るような動きになってくると思います。これは、アメリカだけではなく、世界的な動きになってきています。韓国でも元々政府系の企業からの仕事でロケットエンジンを作っていた人達が独立したりとか、ニュージーランドでもベンチャー企業家が独自の小型ロケットを作っていたり、日本でも北海道でそういったことをしている人達もいます。世界的にロケット開発が民間で行われるような気運が高まってきています。ロシアと同じで政府系の企業ではありますが、民営化していっていているのは、世界的な潮流になっています。民間がやることによりここ10年くらいのスパンで、一般庶民でも手が届くくらいの宇宙旅行という商品が出てくるかもしれないという時代になってきたのかなと思います。

日本での宇宙開発も民活によって、日本が元々持っている技術を生かし、一歩先に行く可能性もあると思います。

18章　ＪＡＬが導入予定の国産ジェット機とは？

高い技術力の国産ジェット機がビジネスとして成り立つ可能性は……

ＪＡＬの今後の経営再建の中で運行の効率を上げるために、三菱重工の子会社である三菱航空機が開発中のＭＲＪというジェット機を採用するべきだという話が出てきているようです。ＪＡＬはもともと半官半民の会社で、これまでも会社の体質として国にべったりで、故に実質経営破綻状態にありながら、政府から補助であったり増資であったり政財界の働きかけ等々によって、これまでゾンビのように生き残ってきたわけです。引き換えに、日本政府の諸々の方針を受け入れてきたという典型的な癒着構造にありました。会社更生法を申請して実質的に倒産したのにも関わらず、そういったことをまた言ってきているところがＪＡＬの闇というか、国交省や政府も含めた運輸、航空行政の闇みたいな典型例だと思います。

元々日本の航空産業は戦前優秀だった時代があります。ライト兄弟の初飛行から数十年で世界の航空産業は大きくなりました。その中でも日本の技術力は群を抜いていて、太平洋戦争初期はゼロ戦を開発し、非常に高い飛行性能を誇っていました。富士重工や日産自動車の前身である中島飛行機など有力な航空機メーカーがあったんです。

しかしながら、日本の航空兵力は徹底的にたたき潰さないと、また軍国主義の道を歩んでしまうのではないかという懸念のもと、アメリカのGHQの占領下において航空産業は解散させられ禁止になったんですね。航空機を作ろうと思って入った技術者は職を失い、自動車産業の方に力を注ぎました。中島飛行機の流れを汲むプリンス自動車、ここは後に日産自動車に買収されますが、他の自動車メーカーも源流をたどれば、多くの会社が航空機の技術を持っていたのは明白です。さらに飛行機が駄目ならロケットを作るかということで糸川秀夫博士がやっていた旧東大の第二工学部の流れを汲む生産技術研究所から発注を受けたプリンス自動車のロケット部門ができたりもするんです。

その後十数年して日本の航空産業を復帰してもいいよ、航空会社を作ってもいいよということで、JALができ、旧通産省が中心になって日本でも国産の旅客機を作ろうとYS11を作るプロジェクトが始まるわけです。まさに現代のYS11とも言えるプロジェクトがMRJ

なんですが、実際ＹＳ11は設計も性能も良かったと言われていますが、非常に高コストであるし、プロペラ機ですから後継のジェット機が育たなかったこともあり、世界中に納入されたとは言われていますが、ビジネスとしては成り立ちませんでした。国内の航空会社、ＪＡＬやＡＮＡが引き取り、国内の離島便として最近まで使われていました。

国産のジェットみたいな夢を追いたい、どちらかというと官僚の方が主導してこういったプロジェクトがまたゾンビのように生まれ出してきたのがＭＲＪということになると思います。日本のメーカーはですね、三菱重工や川崎重工はボーイングの主翼や胴体の大部分の部品を作っていると言われています。こういった技術を持っているので飛行機そのものを作れる技術力があるのは間違いないです。しかし、ビジネスのやり方は勘頼りといいますか、元々三菱は政府の御用会社ですから。今、「龍馬伝」という大河ドラマの語り手になっているのが、岩崎弥太郎という三菱の創業者ですが、彼は日本の代表的な政商、政治家と癒着して商売をやる典型的な方で、逆に最初からベンチャー魂というか国に頼るものかという反骨精神の代表的な会社はホンダ自動車です。ホンダは自分達でジェット機用のエンジンを作って、アメリカですでに受注を開始しています。ジェットエンジンを独自で作って、独自でビジネスをしようとしている会社がある一方、全ての部品を国産にこだわって作ろうとするメーカーもあります。我々にしてみれば、グローバル時代に国産にこだわることに意味があるのかと考えなければなりません。そもそも国産ということにどれだけ意味があるか？　胴体の部品のアルミニウムはどこで作っている物なのかというと、アルミニウムの原料のボーキサイトはほとんど輸入なわけですね、日本では取れないですから。原料は海外産なのにも関わらず、それを全て国産と言ってしまうのはそもそも難があると。

部品なんかも安全力に問題なく、技術力もたいしていらないような部品は外から買った方がいいに決まっているわけですよ。会社でも同じようなことが言えますが、他社にもっと安くていいシステムがあるのに、外注しないで子会社が開発したシステムだから使うように言っているのと同じようなことで、非常に合理性に欠ける判断であることに間違いないと。グローバルで国際分業時代なのに国産にこだわることは時代遅れだと思います。安い技術を世界から持ってくるというホンダ流のホンダジェットの方が正しいアプローチだと思うんですね。

にもかかわらず、三菱は元々御用会社なので、国から甘い汁をちゅるちゅる吸うのは彼らの商売なので、これは仕方がないということで、国の方針に添って三菱重工の子会社の三菱航空を作って国産ジェットＭＲＪを作るという官民共同プロジェクトが立ち上がりました。

こちらの方が見通しが厳しいとしか言わざるを得ません。

乗員100名以下、数十名が乗れるような中・小型のジェット機を作ろうとしていますが、そもそもこういったものに需要があるかどうかが問題です。すでに大型ジェット機のメーカーはボーイングとエアバスの二強が市場を寡占していて、それ以外にブラジルのエンブラエル、カナダのボンバルディアが小型ジェット機を作り、アメリカのガルフストリームはプライベートジェットをメインにしている会社です。それに加え中国が航空産業を強化していくと思われるので新しい旅客機を出してくるだろうし、ロシアも昔ながらの技術があり、新しいビジネスとして小型ジェット機を出してくる可能性が高いんですね。その中でも可能性が高いのは中国だと思います。中国は国土も広いですし、これから富裕層も出てビジネスも内陸部にどんどん拡大していくと思います。航空機の需要は飛躍的に高まっていくだろうなと思います。これはインドも同じだと思います。小型機のマーケットはものすごく大きいと思います。

しかしながら、いまの日本は技術的な蓄積、ビジネスとして航空機を売ってきたノウハウがあるかというと全く無いわけです。これが自動車とかと全く異なります。世界を制した自動車メーカーが日本には多数ありますが、このメーカーですら中国ビジネスではものすごく苦戦しているわけですよ。インドのタタ自動車が出てきたし、中国には無数の自動車メーカーがあり、激安の車を出して、中国人が経営するので中国ビジネスにも卓越しています。トヨタ、日産、ホンダは中国市場では苦戦しているんですね。ソニーやパナソニックの家電も同じく苦戦しているわけけですね。すでにノウハウがあるビジネスですら苦戦しているのに関わらず、ＹＳ11以来40年経ってＭＲＪというビジネスを一から立ち上げて、国産にこだわると高くなる部品があるのに、こだわって輸出しようとしているんですね。

こんなものがビジネスになるかと言うと私は厳しいんじゃないかなと思っています。それをしかも売れない物だから再建途上のＪＡＬに売りつけるのは具の骨頂です。こういったことがまかり通るようでは駄目で、もし、ＪＡＬとかＡＮＡに無理矢理買わせなければいけないのであれば、こういったビジネスというのは即刻止めるべきだと思います。あるいは、ビジネススキームを変えて、ホンダジェットのように独自技術や国産技術にこだわらず、広く安い部品をちゃんと入れてビジネスになるような立ち上げ方をするのなら、まだありなのかなと思いますが、今のＭＲＪのような状況だと危ないと言わざるを得ません。

すでにある優れた日本の技術をなぜ世界に売り込まないのか？

私は、むしろＭＲＪのような全く新しいプロジェクトを立ち上げるのではなくて、すでにある新幹線のような世界的にも優れた技術を売り込む方に力を入れるべきではないかと思うんですね。新幹線の売り込みに関しては出遅れていると言わざるを得ないと。中国でもいろいろなものにこだわり、日本の新幹線をいくつかの路線に入れたのに、もめて撤退せざるを得ないようになった所もあります。それ以外で成功しているのは台湾くらいです。台湾新幹線は日本企業の技術は結構使われています。アメリカでもエコであるということで、鉄道需要が見直されています。そこに新幹線を入れるニーズはすごくあり、ドイツ、フランスくらいしかライバルがいません。

日本ではまだ導入されていませんが、たくさんの実験を繰り返しているリニアモーターカーの技術も日本は持っていますので、セットで海外のような広い所であればビジネスとして輸出できる可能性も高いと思います。こういった物にしぼるべきだと思います。それは政府も売り込みを手伝わなければならないのにも関わらず、あまりやっていないと。正直言って日本企業を世界に売り込むということに関して政治家官僚というのはあまりやっていないと。私も会社をグローバル化しようとしていた時、いろいろな所へ行きましたが、ほとんど手助けを受けたことはないですね。それは多分いろいろな所に力が分散し過ぎているからだと思います。

日本は以前は世界第二位の経済大国と言われていましたが、すでにいろいろな国に抜かれて、中国にも経済のＧＤＰでも抜かれ、これからの経済成長率では圧倒的な差がつくのは間違いないです。日本は昔みたいに何でもできる国ではなくなってきているわけです。そんな中で無理して航空機を一から作ることを一生懸命していたら、将来性のある鉄道事業のような、競争力もあって世界的にも有数の技術力を持っている物を送り込む力が削がれます。四方八方に手を伸ばして多角化経営をして失敗する会社がありますが、まさに日本はそういうふうになりつつあると危惧しています。

７章でお話したスーパーコンピューターの事業仕分けの問題でも象徴的ですが、何でもかんでも世界一にならなければいけないというのは、以前の活力があった高度経済成長期の日本であれば可能であったかもしれないですけど、今や少子高齢化が進み、活力も失われつつある、税収も落ちこみつつある日本がやるのはちょっとおかしな話だと思います。まるで没落貴族をみるような、昔の栄光の時代を夢見て、何でもかんでもやらなければならないと思っている人達がいますが、ＭＲＪはそういう存在の象徴だと思います。

設計はかなり進んでいるようですが、悪いことは言わない、さっさと撤退したほうがいいと思います。三菱重工だけが痛い目を見るのであれば別に私が文句を言う筋合いではないですが、そこに日本政府の金が入り、補助金漬けになり、国民の税金がまた無駄に使われるようなことになれば非常に問題ではないかと思っています。やるにしても民間の自助努力でやれるようなホンダジェットのような形が理想的ではないかと思っています。

あとがき

この本は「ホリエモンのビジネスウィークリー」という週刊の音声マガジンみたいなものの書籍化である。まだまだ日本ではこのようなビジネスの話題をポッドキャスティングなどで聞くニーズは発達していないようで、これから伸びるかもという状態である。ラジオなどでビジネスの話題を聞く人はいるが料金を払ってまでという習慣付けが難しいのかもしれない。というわけで今回の書籍化である。書籍というのは長年お金を出して買うものであるという習慣付けが出来ているので、有難い事に皆様に買っていただける。折角毎週コンテンツを出しているので是非皆さんの目に触れて欲しかったので、このような機会を与えてくれた版元のアートデイズには感謝している。

このように経済・社会の事について毎週語っていると自分の頭の中で整理がついてくるものである。きちんと意見を言う事ができるようになるのだ。音声コンテンツ以前から私はブログを書いていた。2年くらいのブランクはあったものの、2002年から書いているので相当長いほうであろう。元々インターネットは無名の人でも人々に情報発信をする為のツールだと思っていたし、ブログシステムの原型のようなものが現れてきた時に、「これだ！」

と思ったものである。私は前の会社でそれを誰でも使えるような形のサービスに改良し、今やブログは多数の人が使う一般的なツールになった。ブログが普及したことでこれまで世間に認知されていなかった多くの人たちが情報を発信するようになってきた。

これは私が「ホリエモンのビジネスウィークリー」でやっている音声での発信と同じ事である。そう、人々は定期的に世の中の事、身の回りの事を書くことで情報を整理し、理解し、発信することまで出来るようになったのだ。そうやって多くの人たちが自分の意見を述べられるようになった事で世の中はより良い方向に向かっていく可能性が高くなったと感じている。さらに最近はＴｗｉｔｔｅｒという即時性の高いミニブログサービスとも言うべきものまで普及してきている。このようなダイナミックな変化についていく為には、ますます日々の情報発信スキルの鍛錬と、情報収集のスピードを上げていく必要があるのではないか。本著がその手助けとなれば幸いである。

二〇一〇年四月二十五日

堀江貴文

ホリエモン謹製
傷だらけ日本経済につけるクスリ

二〇一〇年六月十日　初版第一刷発行

著　者　堀江貴文
装　丁　山本ミノ
発行者　宮島正洋
発行所　株式会社アートデイズ
〒160-0008　東京都新宿区三栄町17 V四谷ビル
電　話　(〇三) 三三五三―二二九八
FAX　(〇三) 三三五三―五八八七
http://www.artdays.co.jp
印刷所　株式会社美松堂